MERIAN *momente*

IRLAND
NORDIRLAND

CHRISTIAN EDER

W0055271

IRLAND ENTDECKEN 4

IRLAND ERLEBEN 20

IRLAND ERKUNDEN 58

TOUREN IN IRLAND 152

IRLAND ERFASSEN 162

KARTEN UND PLÄNE

IRLAND
ENTDECKEN

Statue vor dem futuristischen Gebäude der
Titanic-Experience in Belfast (▶ S. 18).

MEIN IRLAND

Der Zauber Irlands gründet sich auf den Kontrast zwischen dem schmalen mediterranen Küstensaum und dem kargen Bergland. Die Gebirgszüge stoßen bis ans Meer vor, fallen steil zum Ufer ab und lassen dabei nur wenig Platz für Straßen und Dörfer.

Ein Abend in einem abgelegenen Pub an der Küste ganz im Norden der Provinz Mayo. Durch das Fenster sieht man das Meer an die Felsküste branden, die Sonne steht an diesem Junitag aber noch hoch über dem Horizont. Heute findet ein mit Emotionen gespicktes Fußballspiel statt: kein Spitzenspiel zwar, aber zumindest treten die Nationalteams von Österreich und Irland in der WM-Qualifikation gegeneinander an. Wir, zwei Österreicher, sind mitten unter geschätzt 100 Iren. Bei jedem österreichischen Tor jubeln gerade mal zwei Gäste im Lokal. Und trotzdem, keiner der anderen Besucher fühlt sich auf den Schlips getreten. Später wird auf den Sieg der Österreicher angestoßen. Mit ein, zwei Pints oder auch mehr …

◄ Burgromantik: Blarney Castle aus dem
15. Jh. bei Cork (► S. 84).

Irland hat solche Schlüsselerlebnisse: Für mich war eines davon dieser
Abend im Pub des Killadoon Beach Hotels bei einer meiner ersten Reisen
zur »Grünen Insel«. Abgesehen von einem Regenbogen über Glendalough, dem sturmtosendem Meer an der Küste von Clare, der Besteigung
des Croagh Patrick, der besten Band aller Zeiten in einem Pub in Galway,
gehört dieses Ländermatch dazu: kaum wegen des mitleiderregenden
Spiels der Mannschaften, nur wegen der Atmosphäre. Leider kann man
diese Erlebnisse nicht wiederholen: Ich wollte später wieder einmal im
Pub des Killadoon Beach Hotels einkehren, da war das Hotel längst geschlossen und in Ferienappartements umgewandelt.
Seit ich vor fast dreißig Jahren zum ersten Mal nach Irland kam, habe ich
viele Facetten der der Insel kennengelernt. Traditionelle Pubs, ein Pint
Guinness und ein Irish Stew gehören ebenso dazu, wie Newgrange, das
Book of Kells, Van Morrison und Thin Lizzy. Dazu kommen gute Restaurants, liebevoll gepflegte Museen, bestens renovierte Schlösser und Herrenhäuser und faszinierende ursprüngliche Landschaften. Nicht zu vergessen einige der besten Golfplätze der Welt, die sich meist entlang von
kilometerlangen Stranddünen ziehen.

DAS NEUE IRLAND

Wenn man zu den neuesten Beats der Soundschmieden der Welt durch-
tanzen will, kann man das in den Nachtclubs von Dublin oder Belfast.
Und selbst an der Theke eines Pubs in Sligo oder Donegal kommt man
mit Italienern, Amerikanern oder Koreanern ins Gespräch. Oder gar mit
Iren, die überraschenderweise immer noch gerne Touristen kennenlernen. Bringen Sie das Gespräch aber nie auf die Probleme der Insel: Religion, die IRA und das Thema Nordirland sind immer heikle Angelegen-
heiten, die sehr viel Fingerspitzengefühl verlangen. Und obwohl die Zeit
bekanntlich alle Wunden heilt: Auf britischen Chauvinismus reagiert
man nach wie vor sehr empfindlich.
Irland ist kein Themenpark à la Disneyland, sondern ein europäisches
Land mit all den Problemen, die damit verbunden sind: Umweltbelas-
tungen, steigende Wohnungspreise und – verursacht von der jüngsten
Krise – wieder einmal eine hohe Arbeitslosigkeit.
In der langen Zeit, die ich Irland kenne, hat sich trotzdem viel verändert:
Das Land hat sich von einem Randgebiet Europas, in dem es in manchen

Regionen noch schwierig war, ein B&B zu finden, zuerst zu einem brüllenden »Celtic Tiger«, dann zu einem Fall für den Europäischen Rettungsschirm entwickelt. Inzwischen geht es wieder bergauf: Irland hat die Krise mit mehr als 13 Prozent Arbeitslosigkeit hinter sich gelassen, und auch der Tourismus, der ebenfalls um rund 30 Prozent eingebrochen war, schnurrt wieder. Es gibt immer noch viele Häuser, die zum Verkauf stehen, aber zumindest ist der Optimismus wieder zurückgekehrt, den man 2008 und danach vermisst hatte. Wobei Optimismus keine irische Grundeigenschaft ist: Fatalismus wäre wohl eher zutreffend, verbunden mit einer gewissen Weinerlichkeit in Krisensituationen.

Das hat natürlich mit der langen leidvollen Geschichte zu tun, die Irland vor allem unter den Händen der Kolonialmacht England erfahren hat. Selbst »The Great Famine«, die Hungersnot der Jahre 1845 bis 1849, bei der rund eine Million Menschen starben, wäre vermeidbar gewesen: Die meist englischen Großgrundbesitzer exportierten sogar in dieser Zeit Getreide, während ihre Landarbeiter und Pächter verhungerten. Aber das ist lange Vergangenheit, zumindest seit das Land 1922 unabhängig wurde. Inzwischen haben sich die Iren daran gewöhnt, dass sie den Briten gleichrangig gegenüberstehen.

Damit gelangen wir zum Thema Nordirland, immer noch ein Teil Großbritanniens: Bis in die 1990er Jahre war Irland eine geteilte Insel, der Norden vom Süden durch Grenzkontrollen, unterschiedlichen Währungen und auch eine unterschiedliche Mentalität getrennt. Seit dem Karfreitagsabkommen 1998 hat sich die Situation fast um 360 Grad gedreht: Heute sind die Grenzen fließend, und wenn man vom Süden in den Norden fährt, erkennt man das nur mehr an unterschiedlichen Verkehrszeichen und Ortstafeln sowie am Linksverkehr. Die Stimmung ist in den Pubs im Norden gleich wie im Süden. Die Grenze existiert nur mehr im Kopf – und auch das immer seltener. Zum Glück für uns Besucher: Denn einige der größten Naturschönheiten Irlands findet man im Norden, darunter natürlich die einzigartigen Basaltsäulen am Giant's Causeway und überhaupt die wunderbar-romantische Küste von Antrim.

Und vor allem ist Belfast (wieder) einen Besuch wert: In den vergangenen Jahren ist die Stadt aus Industrieruinen und Bausünden wiedererstanden, hat sich zu einer modernen Metropole gemausert. Jüngstes Zeugnis dieser Umwandlung ist das Titanic Quarter, das passend zum 100-jährigen Jubiläum des Stapellaufs des Luxusliners von seiner Belfaster Werft und dem folgenden tragischen Untergang, eröffnet wurde. Selbst die Queen kam 2012 nach Belfast, um der Eröffnung beizuwohnen. Aber Belfast hat beides, Altes und Neues: Nach einem Besuch in dem hypermodernen sechsstöckigen Museumsgebäude der Titanic Experience – die man auf keinen Fall verpassen sollte – ist es umso schöner, ein traditonelles Pint im viktorianischen Crown Liquor Saloon zu sich zu nehmen, einem der schönsten Pubs der Insel.

Apropos Pubs: Keine Institution steht so sehr für das irische Lebensgefühl, wie das Pub. Lange Zeit war es das zweite Wohnzimmer vieler Iren, in dem fast jeden Abend oder zumindest am Wochenende Livemusik zu hören war. Mittlerweile hat es etwas von seiner Bedeutung verloren. Iren haben aus Kostengründen den täglichen Pub-Abend auf ein, zwei Wochenendbesuche zurückgeschraubt. Da hilft es auch nichts, dass in fast jedem Pub ein Großbildschirm mit Live-Sportübertragungen die Besucher auf dem Laufenden halten will.

PUBKULTUR UND SPORT

Der Sport ist wichtig im täglichen Leben der Iren, angefangen bei Hunde- oder Pferderennen, über Rugby und englischen Fußball bis zu den typisch-irischen Sportarten wie Gaelic Football und Hurling, die nach eigenen Regeln gespielt, alle anderen übertrumpfen. Gerade zu den All-Ireland-Finals, die im September im Croke Park Stadium in Dublin stattfinden, herrscht Volksfeststimmung auf den Straßen. Aber egal, wer gewinnt oder verliert, nach dem Spiel verbrüdern sich alle im Pub. 2013 hatte ich das Glück, eine Karte zu bekommen und im Stadion dabei zu sein: Dublin hat mit Glück gegen Mayo gewonnen. Seit damals bin ich stolzer Besitzer zweier Schals mit den Vereinsfarben der Dubs – hellblau-weiß – und Mayos – grün-rot. Sie passen perfekt zu meinen übrigen Irland-Souvenirs: Golfbälle mit dem Royal-County-Down-Logo sind dabei, ein Stein vom Giant's Causeway und ein weiterer von Blarney Castle, Whiskey-Gläser aus Waterford-Kristall, zahllose Bier-Untersetzer. Und noch ist die Sammlung nicht abgeschlossen.

DER AUTOR

Christian Eder (1964 in Salzburg geboren) ist Reise- und Weinjournalist. Irland hat ihn schon vor Jahrzehnten in seinen Bann gezogen: zum Golfspielen, Wandern, für Kulturtrips oder einfach, um Dublin zu genießen: für ihn eine der lebenswertesten Hauptstädte Europas, in die er immer gerne zurückkehrt. Neuerdings hat er auch das quirlige Belfast für sich entdeckt.

MERIAN TopTen

Diese Höhepunkte sollten Sie sich bei Ihrem Besuch auf keinen Fall entgehen lassen: fast mediterranes Strandfeeling im Süden, die wilde Westküste oder das quicklebendige Belfast – MERIAN präsentiert Ihnen hier die wichtigsten Sehenswürdigkeiten Irlands.

⭐1 Trinity College

Ein Hort des Wissens im Herzen Dublins: Die Alte Bibliothek mit dem kunstvollen mittelalterlichen Book of Kells (▶ S. 62).

⭐2 Newgrange

Nur an wenigen Tagen zur Wintersonnenwende dringt die Sonne in den 5000 Jahre alten Bau (▶ S. 57, 74).

⭐3 Kinsale

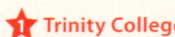

Ein ganz anderes Irland zeigt sich an der Bucht von Kinsale: fast südliches Flair, exklusive Restaurants und am Old Head einer der schönsten Golfplätze Europas (▶ S. 86).

⭐4 Shannon

Der längste Fluss der britischen Inseln ist eine Heimat für Hobbykapitäne, Fischer und Vögel (▶ S. 14, 100).

⭐5 Clonmacnoise

Vom hl. Ciarán im 6. Jh. gegründet und lange die bedeutendste Klostersiedlung Irlands: Hochkreuze, ein prächtiger Rundturm und Kirchenruinen stehen am Ufer des Shannon (▶ S. 98).

⭐6 Die Aran-Inseln

Besonders Irishmore, die größte der Aran-Inseln, lädt mit ihrer spröden Schönheit und urigen Pubs zu einem Besuch ein (▶ S. 115).

7 Connemara

Karge Landschaft, Torf, ein Nationalpark und eine wilde Küste im Westen
Irlands: Die herbe Schönheit Connemaras lässt erahnen, wie hart das Leben einst hier war (▶ S. 117).

8 Ring of Kerry

Eine der schönsten Aussichtstraßen
der Welt führt rund um die Halbinsel
Ivanagh im Südwesten Irlands und
zeigt einzigartige Sehenswürdigkeiten
(▶ S. 122).

9 Titanic Experience

Im Jahr 2012, 100 Jahre nach ihrem
Stapellauf eröffnet, wird in den alten
Werften im Belfaster Airport die Ge-
schichte der Titanic und ihrer letzten
Fahrt hautnah nacherlebt (▶ S. 18).

10 Giants Causeway

Ein verliebter Riese soll ihn gebaut haben, um zur Angebeteten zu gelangen.
Die 40 000 Basaltfelsen an der rauen
Nordküste zählen zu den spektakulärs-
ten Naturschauspielen Irlands (▶ S. 147).

MERIAN Momente
Das kleine Glück auf Reisen

Oft sind es die kleinen Momente auf einer Reise, die am stärksten in Erinnerung bleiben – Momente, in denen Sie die leisen, feinen Seiten der Region kennenlernen. Hier geben wir Ihnen Tipps für kleine Auszeiten und neue Einblicke.

1 Das irische Buch der Bücher
▶ Klappe hinten, e 4

Ein Mann – es mag wohl ein Priester sein – betrachtet ein Buch: filigranes Rankenwerk um eine Laube, am unteren Bildrand krümmt sich ein Drache. All das in leuchtenden Farben, daneben ein verzierter Buchstabe, eine zarte und doch exakte Handschrift. Die Seite aus dem Book of Kells, die heute im Trinity College aufliegt, verzaubert mit ihrer Kunstfertigkeit. Vor 1200 Jahren entstand sie auf der schottischen Insel Iona: zeitlose Kunst.

Dublin, Trinity College, 1 College St | www.bookofkells.ie | Mo–Sa 9.30–17, So (Mai–Sept.) 9.30–16.30, So (Okt.–April) 12–16.30 Uhr | Eintritt 9 €, Kinder frei.

2 Ein Guinness in Temple Bar
▶ Klappe hinten, d 4

Das Bier läuft aus dem Hahn, bis zur Harfe wird das Glas schräg gehalten, dann kommt es in die Vertikale: Das perfekte Pint Guinness zu zapfen, ist eine Kunst. Gott sei Dank wird sie auch von meinem Barkeeper trotz des proppenvollen Pubs beherrscht: Mit meinen zwei Gläsern dränge ich mich wieder durch die Menge in Richtung Bühne, um die Band zu sehen: Sie stimmt gerade »Molly Malone« an, die inoffizielle Hymne von Dublin.

The Stag's Head, Dublin, 1 Dame Court, Luas-Haltestelle: St. Stephen's Green | Tel. 0 16 79 36 87 | www.thestagshead. ie | Küche 12–15, 17–19 Uhr

③ Mystische Klostersiedlung
🔖 F 6

Auch im Regen sieht der Rundturm von Glendalough beeindruckend aus. Wenn dann aber ein breiter Sonnenstrahl auf die alte Klosterstadt fällt, die grauen Mauern und die vielen Schattierungen des Grüns der Landschaft erstrahlen, dann wird einem klar, warum sich der hl. Kevin einst hier niedergelassen hat. Man stelle sich vor: Hier lebten zuweilen 3000 Mönche, im »Rom des Nordens«. Ein Wasserfall springt über die Felsen und dahinter führen einsame Wanderwege mitten in den Nationalpark der Wicklow Mountains.

Glendalough Visitor Center, Co. Wicklow | www.heritageireland.ie | Mitte März–Okt. 9.30–18, Nov.–Mitte März 9.30–17 Uhr

④ Genüsse auf dem English Market
▶ S. 81, b 2

Der Duft von frisch gebackenen Buns und Scones vermischt sich mit dem von Irish Stew, von Kaffee und Obst. Hausfrauen suchen an den Verkaufsständen unter den Goldbrassen, den Muscheln und Tintenfischen akribisch die frischesten aus. Wir spazieren noch etwas durch die von den Aromen erfüllten Gänge des English Market in Cork, Irlands berühmtesten Feinschmeckermarkts, bevor wir uns auf der Balustrade des Cafés niederlassen und das muntere Treiben amüsiert bobachten. Und dann lassen wir uns doch von den Köstlichkeiten unten animieren, einen gedämpften Lachs oder einen Shepherd's Pie bei einem Glas Schaumwein zu genießen.

Cork, Grande Parade/Princes St | www. englishmarket.ie | Mo–Sa 8–18 Uhr

⑤ Ein Herrenhaus mit romantischem Garten und atemberaubendem Ausblick
🔖 A 9

Nach einer Nacht in einem der Handvoll Gästezimmern, einem Frühstück mit selbst gemachten Scones und Tee ein Blick über das Anwesen: Palmen,

farbenprächtige Blumen, eine Treppe, die über viele Stufen nach oben führt, und natürlich das Herrenhaus, in dem man ein Paar in viktorianischen Kostümen vermuten könnte. Der Blick schweift auf die weite Bantry Bay und die Segelschiffe. Bantry House ist vielleicht eines der schönsten Herrenhäuser Irlands – aber doch nur eines von vielen, die in einer einzigartigen und, im wahrsten Sinne des Wortes, bezaubernden Landschaft errichtet wurden.

Bantry Bay, Co. Cork | Tel. 02 75 00 47 | www.bantryhouse.com | März–Okt. 10–18 Uhr | Eintritt 11 €, Kinder 8 €

6 Der Weg ist das Ziel

Die Wellen schlagen leise und regelmäßig gegen den Kiel des kleinen Bootes, das gemütlich auf dem Fluss tuckert. So gemächlich, dass einen sogar manchmal Radfahrer auf der Straße nebenan überholen, die entlang des Shannon führt. Aber wir haben keine Eile: Der Weg ist das Ziel bei einer Bootstour auf dem längsten Fluss Irlands, vorbei an Klosterruinen, kleinen Dörfern, Schafen und fruchtbaren Wiesen. Die Strecke bietet immer wieder kleine und größere Überraschungen. Wir sind offen, haben keinen festen Plan und gleiten mit dem Strom einfach so dahin. Man braucht weder besondere nautische Fähigkeiten noch einen Boots-Führerschein, um als Skipper auf einem der Shannon-Boote anzuheuern. Man muss nur Abstand zum Ufer und zu den anderen Booten halten, die das Gewässer befahren. Und an Schleusen Ruhe bewahren, dann hat man sich das Bier im Pub an der Anlegestelle am Abend redlich verdient.

Weitere Infos unter www.discoverireland. com.

7 Das Grab des heiligen Nikolaus
E7

Das Gras ist abgeweidet von den Schafen, die rundherum in den Ruinen ruhen. Wir suchen das Grab, und finden es inmitten der kleinen Kirche bzw. deren Ruine: Ein Bischof mit Mitra ist auf der schiefen verrutschten Grabplatte zu sehen, in der Hand hält er den Krummstab. Es soll der hl. Nikolaus sein, Kreuzfahrer haben – so will es eine lokale Legende – die Überreste des Bischofs von Myra in diese Kirche neben der Jerpoint Abbey (nahe Kilkenny) gebracht. Wir werden es nie erfahren, ob er es wirklich ist.

Die Kirche gehörte zu dem verfallenen Dorf aus dem 12. Jh., das vor Hunderten von Jahren aufgegeben wurde: Newpoint Jerpoint, nahe der berühmten Zisterzienserabtei, war einst eine wichtige Handelsstadt. Niemand weiß, warum sie verlassen wurde, selbst in der Umgebung blieb nur der Ruf der »lost town«, der verlorenen Stadt.

Thomastown, Jerpoint, Co. Kilkenny | Tel. 0 86 06 14 49 | www.jerpointpark. com | Besuche und geführte Touren auf Voranmeldung

8 Karibik-Strand in Donegal

D3

Karibisch weiß und sehr fein ist der Sand, und in den Abdrücken, die unsere Füße darin hinterlassen, sammelt sich das klare Salzwasser der Brandung. Die gerade untergehende Sonne wirft warmes Licht auf die Surfer. In ihren Neoprenanzügen warten sie draußen stoisch auf die große Welle. Manchmal erreichen die Wellen 17 m an Höhe, sagen die Sportler, aber heute ist das Meer zu ruhig. Mehr als ein kurzer Ritt ist am Strand von Bundoran, einem der beliebtesten und auch ältesten irischen Seebäder im Süden der Grafschaft Donegal nicht möglich. Wir überlegen, noch einmal in das einladend türkisfarbene Nass schwimmen zu gehen – auch wenn es trotz Golfstrom keine 20 Grad erreicht.

– Surf World Bundoran | Main St, Bundoran, Co. Donegal | Tel. 07 19 84 12 23 | www.surfworld.ie

– Bundoran Surf Co. | Main St, Bundoran | 07 19 84 19 68 | www.bundoran surfco.com

9 Klippenwanderung

B6

Über den steilen Klippen donnert die Brandung an die Felsen, der Wind versucht, einen in die Tiefe zu ziehen. Bis auf ein, zwei Meter traut man sich an den Abhang, dann überkommt einen der Bammel, hinabgezogen zu werden, hinunter in die Gischt und die meterhohen Wellen, über denen die Vögel kreisen. Bei einer Wanderung entlang der Cliffs of Moher, dem wohl berühmtesten, 8 km langen Küstenabschnitt im Westen Irlands, spürt man Naturgewalt pur: Am besten geht man vom Moher Tower, einem Turm im Süden der Klippen, nach Norden, um dem Ansturm von Busreisenden zu entgehen, die beim Visitor Centre die Felsen erklimmen. Auf dem Pfad ergeben sich immer wieder unglaublich schöne Ausblicke auf den Atlantik und die einsame Klippenlandschaft.

Cliffs of Moher Visitor Experience, Co. Clare | www.cliffsofmoher.ie | Besucherzentrum: Juli, Aug. 9–21, Mai, Juni, Sept. 9–19, März, April, Okt. 9–18, Nov.–Feb. 9–17 Uhr | Eintritt 6 €, Kinder gratis

NEU ENTDECKT
Worüber man spricht

Irland befindet sich stetig im Wandel, Sehenswürdigkeiten werden eingeweiht, Attraktionen eröffnen, die Insel verändert ihr Gesicht. Durch neue Museen, Restaurants und Geschäfte erlangen ganze Landstriche neue Attraktivität. Hier erfahren Sie alles über die jüngsten Entwicklungen – damit Sie keinen dieser aktuell angesagten Orte verpassen.

◀ Das Titanic Quarter auf dem einstigen Werftgelände in Belfast (▶ S. 18).

ÜBERNACHTEN

Ballyfin Demesne ⚑ E 6

Relax – Zuerst war es ein neoklassizistisches Herrenhaus, dann eine Schule, nun ein Luxushotel. Im Ballyfin Demesne in den Slieve Bloom Mountains in County Laois findet man Erholung pur: ob in den luxuriösen Zimmern mit Gemälden des 18. und 19. Jh. an den Wänden, in der Bar mit moderner irischer Malerei, am eigenen See oder bei einem Spaziergang im Wald.

Ballyfin, Co. Laois | Tel. 05 78 75 58 66 | www.ballyfin.com | 15 Zimmer | ♿ | €€€€

Galgorm Resort & Spa ⚑ F 2

Bestes Spa-Resort Nordirlands – Es liegt gerade mal 30 Minuten von Belfast entfernt am River Maine und offeriert neben exklusiven Zimmern und einem wunderbaren Wellness-Bereich auch Appartements für Selbstversorger. Im Restaurant River Room isst man ganz vorzüglich mit Blick auf den Fluss.

Ballymena, 136 Fenaghy Rd, Co. Antrim | Tel. 0 28 25 88 10 01 | www.galgorm. com | 75 Zimmer | ♿ | €€€€

The Marker Hotel

▶ Klappe hinten, östl. f 4

Bar mit Aussicht – Mitten in den Dubliner Docklands spielt das Marker in der ersten Hotel-Liga. Große Spa-Landschaft und eine Rooftop-Lounge mit Blick über die Berge.

Dublin, Docklands, Grand Canal Square | Tel. 0 16 87 51 00 | www.themarkerhotel dublin.com | 187 Zimmer | €€€

ESSEN UND TRINKEN

Aniar ▶ S. 113, a 3

Stern in Galway – Die jungen Gastronomen Ultan Cooke, Jp McMahon und Drigín Gaffey – sie führen auch das EAT Gastro Pub, eine weitere Empfehlung – legen in ihrem Restaurant im West End großen Wert auf Authentizität. Das Terroir Galways kommt in der Küche zum Tragen: Saisonelle Küche mit regionalen Zutaten hat dem Lokal auch einen Michelin-Stern eingebracht – den einzigen im Westen Irlands.

Galway, Co. Galway | 53 Lower Dominick Street | Tel. 0 91 53 59 47 | www.aniar restaurant.ie | Die–Sa 18–22 Uhr, Reservierung ratsam | €€€€

The Barking Dog ▶ S. 139, südwestl. a 3

Pragmatisch – Im (stilvoll) kargen Interieur mit nackten Ziegelwänden und unprätentiösen Holztischen steht Michael O'Connor's kreative Kochkunst im Mittelpunkt: Probieren Sie den Smoked haddock on crushed potatoes.

Belfast, 33–35 Malone Rd | Tel. 0 28 90 66 18 85 | www.barkingdogbelfast. com | Öffnungszeiten auf Anfrage | €€€€

Hatch & Sons ▶ Klappe hinten, e 5

Im Museum – In diesem Lokal, im Parterre des Little Museum of Dublin, stehen etwa Goat's Cheese, Beef & Guinness Stew oder ein Irish Free Range Chicken Salad auf der Speisekarte. Die Grundprodukte stammen alle von ausgewählten irischen Farmern.

Dublin, 15 St Stephens Green | Tel. 0 16 61 00 75 | www.hatchandsons.co | Mo, Di 8–17, Mi, Do 8–21, Fr 8-17, Sa 9–18, So 11–17 Uhr | €€

The Sage ⚓ D 9

Regional – Die Zutaten in der Küche dieses hellen, minimalistischen Restaurants stammen großteils aus einem Umkreis von 12 Meilen: Bilder der Fischer und der bäuerlichen Lieferanten hängen an den Wänden, aufgekocht wird mit saisonalen Produkten und kreativer Note.

🕓 Essen in derselben Qualität und aus derselben Küche bekommt man auch im Greenroom, dem Pub nebenan)
Midleton, Main St, Co. Cork | Tel. 02 14 63 96 82 | www.sagerestaurant.ie | Di–Do 12–15, 17.30–21, Fr–Sa 12–15, 17.30–21.30, So 12–15.30, 16–20.30 Uhr | €€

EINKAUFEN
Temple Bar Food Market
▶ Klappe hinten, d 4

Das alte Temple Bar ist heute ein quirliges, junges Kreativ- und Kulturquartier. Sein Wochenmarkt prägt den Lifestyle des jungen Dublin. Viele Produkte aus biologischem Anbau wie Sheridans Cheesemongers mit einer Selektion der besten Käsesorten Irlands und Frankreichs sind ebenso verlockend wie die Spezialitäten der Temple Oyster Bar – mit einem Pint Guinness genossen, die beste Kur für den Hangover oder Organisches Gemüse von Mc Nally's Family Farm in Nalrickard (Co. Dublin).
Dublin, Meeting House Square | www. templebar.ie | Sa 10–16.30 Uhr

KULTUR UND UNTERHALTUNG
Little Museum 🧒 ▶ Klappe hinten, e 5

Alle Exponate des Museums – untergebracht in einem georgianischen Stadthaus – wurden von Dubliner Bürgern gestiftet, u. a. das Rednerpult von John F. Kennedy bei seinem Aufenthalt in

Irland, Briefe von U2, etc. Am besten ist das Museum im Rahmen einer Führung zu besuchen, bei der man noch vieles zu den einzelnen Ausstellungsstücken erfährt.
Dublin, 15 St Stephen's Green | www. littlemuseum.ie | Mo–Fr 10–17 Uhr | Eintritt 6,95 €

The MAC 🧒 ▶ S. 139, nördl. b 1

Die Hoffnungen und Wünsche der Belfaster Jugend sind das Thema der Lichtinstallation von Mark Garry im Atrium. Und diese permanente Installation ist auch die Linie des neuen Metropolitan Arts Centre in Nordirlands Hauptstadt: Musik, Theater, Tanz finden hier ebenso Platz wie moderne Kunst – zum Beispiel in der Tall Gallery. In speziellen Kunst-Workshops kommen kleine Besucher zum Zuge. Ein Tipp für ein gutes Sandwich wie für ein vegetarisches Dinner ist die Canteen im Parterre.
Belfast, St Anne's Square | www.the maclive.com

Titanic Quarter 9 🧒 ▶ S. 139, nordöstl. b 1

Zum 100-jährigen Jubiläum des Stapellaufs des Luxusliners bekam Belfast dieses neue Wahrzeichen: ein dem Schiffsrumpf, vielleicht auch einem Eisberg nachempfundener, silbrig schillernder Bau der Titanic Experience ⑨ – übrigens genau mit der Höhe des einstigen Schiffes. In den Docks der Werft Harland & Wolff entstand dieser 116 Mio. Euro teure Prestigebau mit seiner sechsstöckigen multimedialen Erlebniswelt, zu der auch das Titanic Dock's & Pump House gehört, in dem nicht nur die Titanic gebaut wurde, sondern auch die SS Nomadic. An Bord des Schiffes, mit dem einst Passagiere zur Titanic gebracht wurden, ist ein Museum eingerichtet.

Belfast, 1 Olympic Way, Queens Road | www.titanicbelfast.com | April–Sept. tgl. 9–19, Okt.–März tgl. 10–17 Uhr | Eintritt 14,75 €, Kinder 7,25 €

FESTE
Temple Bar Trad Festival 👫

Fünf Tage und Nächte lang wird rund um Temple Bar bei irischer Musik, aber auch mit Salsa und Flamenco ausgelassen gefeiert. 200 Konzerte (viele davon kostenlos), Banjo Workshops und ein umfangreiches Kinderprogramm.

Dublin, Temple Bar | Ende Jan. | Tickets unter www.templebartrad.com

AKTIVITÄTEN
Wild Atlantic Way

Eine brandneue, 2500 km lange und ausgeschilderte Auto-Route, die auf fünf Reiserouten von Donegal bis West Cork führen wird und die Schönheit der ungezähmten Atlantikküste im Norden und Westen Irlands präsentieren will. Man begegnet spektakulären Naturereignissen, wildromantischen Landschaften und kulturellen Höhepunkten. Ab 2015 soll auch ausreichend Kartenmaterial zur Verfügung stehen.

Weitere Infos unter www.ireland.com/wild-atlantic-way

🚩 Weitere Neuentdeckungen sind durch dieses Symbol gekennzeichnet.

Auf jeden Fall ein Tipp: die Konzerte Sundays at Noon im Skulpturensaal der Dubliner Hugh Lane Gallery (▶ S. 64).

IRLAND

ERLEBEN

Temple Bar – Dublins Szene-Viertel, wo an jeder Ecke ein Pub wartet (▶ S. 61).

ÜBERNACHTEN

Für eine Rundreise auf der »Grünen Insel« findet man in freundlichen B&B's und Guesthouses immer Quartier und dabei Kontakt zu den Leuten. In Luxus-Resorts oder noblen Schloss-hotels kann man sich in individueller Atmosphäre verwöhnen lassen.

Guesthouses und B&Bs findet man inzwischen ausreichend in ganz Irland: der Unterschied? Guesthouses gelten als etwas luxuriöser (und teurer). Vor allem rund um Dublin und im Südwesten und Westen des Landes ist die Auswahl an B&B's groß, sie sind oft auch deutlich billiger als Hotelzimmer. En-Suite-Rooms mit Bad und WC sind inzwischen Standard, Zimmer mit Etagendusche bilden die Ausnahme, die jedoch meist um einiges günstiger ist. Noch billiger kommt man in Hostels in Schlafsälen unter, das ist allerdings nicht nach jedermanns Geschmack. In Hostels gibt es inzwischen auch Doppel- oder Familienzimmer. Bettwäsche und Handtücher sind hier mitzubringen oder zu mieten.

Die Preise in einem B&B beginnen bei etwa 35 € pro Person und Nacht (im Doppelzimmer), meistens inklusive Frühstück. Man unterscheidet Twin Rooms (mit zwei getrennten Betten) und Double Rooms (mit ei-

◀ Luxuriös logiert man im Waterford Castle
(▶ S. 24).

nem großen Bett). Einzelzimmer sind nur unwesentlich günstiger als Doppelzimmer. Irish Breakfast ist in Hotels, Guesthouses und B&Bs Standard und traditionell sehr reichhaltig.

Auch im Luxus-Segment kann Irland reüssieren: Schlösser und ehemalige Herrenhäuser oder exklusive Resorts, eingebettet in eine grüne Landschaft, bieten fast jeden Komfort – modernes Spa und Gourmetrestaurant eingeschlossen. Hier wird das Logieren zum einmaligen Erlebnis.

LUXUS PUR

Nicht selten ist auch ein Golfplatz in der Nähe, man kann reiten, angeln oder wandern. Einige der schönsten dieser Luxushotels liegen im Südwesten Irlands oder in der Umgebung von Dublin. Auch Nordirland hat diesbezüglich in den vergangenen Jahren stark aufgeholt. Gute Unterkünfte jeder Kategorie findet man hier nicht nur in den bekannten Seebädern wie Portrush oder Portstewart, sondern inzwischen fast im ganzen Land. Und auch Belfast hat heute mit Designerhotels und kleinen Privatunterkünften ein gutes Angebot. Die Preise in Nordirland (in Pfund) sind etwas höher als in der Republik.

Über die Webseite der nationalen Tourismusorganisation kann man direkt Zimmer in ganz Irland buchen.

BESONDERE EMPFEHLUNGEN

HOTELS

Aghadoe Heights Hotel ▮▮ B 8/9

Nummer 1 – Gleich neben den Ruinen einer romanischen Kirche und des pittoresken Parkavonear Castle gilt es als eines der am schönsten gelegenen und am besten ausgestatteten Hotels Irlands. Exklusive Zimmer mit Marmor, Himmelbetten und Aussicht auf die Landschaft. Luxuriöse Thermallandschaft mit einem Indoor-Pool, von dem man die Seen überblickt.

Lakes of Killarney, Co. Kerry | Tel. 06 46 63 17 66 | www.aghadoeheights.com | 74 Zimmer | ♿ | €€€€

Ballyfin Demesne 🚩 ▮▮ E 6

Relax – Zuerst ein neoklassizistisches Herrenhaus, dann eine Schule, nun ein Luxushotel: Im Ballyfin Demesne in der idyllischen Landschaft der Slieve Bloom Mountains in County Laois wird Erholung pur geboten: Ob in den luxuriösen Zimmern mit Gemälden des 18. und 19. Jh. an den Wänden, in der Bar, die moderne irische Malerei am eigenen See oder bei einem Spaziergang im Wald, wo man ganz ungestört sein kann.

Ballyfin, Co. Laois | Tel. 05 78 75 58 66 | www.ballyfin.com | 15 Zimmer | ♿ | €€€

Brook Lodge & Wells Spa ⚓ F 7

Beste Wellness – Schon die normalen Zimmer sind edel, doch die Suiten überragen diese mit ihrem geschmackvollen minimalistischen Design. Das Spa ist möglicherweise das Beste des Landes – es gibt ein volles Verwöhn-Programm mit ausgewählten Kosmetikprodukten, mit Schlammbädern, türkischem Bad, Massagen und noch einiges mehr. Spektakulärer Golfplatz.
Macreddin, Co. Wicklow | Tel. 0 40 23 64 44 | www.brooklodge.com | 39 Zimmer | ♿ | €€€

Dungiven Castle ⚓ E 2

Schlossurlaub – Das heutige Hotel war zwischen dem 12. und 17. Jh. der Sitz des O'Cahan-Clans und ist nun ein idealer Ausgangspunkt für Erkundungen der Nordküste. Geräumige und elegante Zimmer mit Blick auf die Sperrin-Mountains. Das Restaurant ist mehrfach ausgezeichnet, hervorragend vor allem die Fischküche. Im Tanzsaal sang schon mal Tom Jones.
Derry | Dungiven, 145 Main St. | Tel. 0 28 77 74 24 28 | www.dungivencastle. com | 10 Zimmer | €€€

Inchydoney Island Lodge ⚓ C 10

Perfekte Lage – Im Südwesten Irlands, 5 km südlich von Clonakilty gelegen, verwöhnt dieses Resort im einladenden Thalasso-Spa und im Restaurant seine Gäste. Die Zimmer haben Balkon oder Terrasse, und der rauschende Atlantik wiegt einen in süßen Schlaf. Am nächsten Morgen kann man surfen, reiten oder Wale beobachten.
Inchydoney Island, Co. Cork | Tel. 02 38 83 31 43 | www.inchydoneyisland. com | 67 Zimmer und Suiten | €€€

The Merchant Hotel ▶ S. 139, b 1

Art déco und Jazz – Im Herzen von Belfasts Cathedral Quarter, in einem eleganten Art-déco-Haus erwarten einen: Luxus-Spa, Gym mit Blick über die Stadt und: eine der besten Jazz-Bars Irlands!
Belfast, 16 Skipper St. | Tel. 0 28 90 23 48 88 | www.themerchanthotel.com | 62 Zimmer | ♿ | €€€

Number 31 ▶ Klappe hinten, südl. f 6

Gourmetfrühstück – Der Architekt Sam Stephenson hat dieses georgianische Stadthaus nach eigenen Vorstellungen umgewandelt und geschmackvoll mit alten Möbeln eingerichtet. Helle Zimmer, auf zwei Gebäude verteilt, dazwischen ein ruhiger Garten.
Dublin, 31 Leeson Close | Tel 0 16 76 50 11 | www.number31.ie | 21 Zimmer | €

Waterford Castle The Island ⚓ E 8

Insellage – Ein Schloss aus dem 19. Jh. auf einer eigenen Insel, auf der Wild herumstreift. Komfortable Zimmer, zum Teil mit Himmelbetten. Im Restaurant werden Gerichte auf biologischer Basis serviert. Das Hotel ist rund um die Uhr mit einer Fähre von einer Anlegestelle nahe dem Waterford Regional Hospital erreichbar.
Waterford, The Island, Co. Waterford | Tel. 0 51 87 82 03 | www.waterfordcastle. com | 19 Zimmer | €€€

BED & BREAKFAST

Ardlenagh View B&B ⚓ D 3

Zimmer mit Aussicht – Ardlenagh View liegt nur 2 km südlich von Donegal mitten im Grünen, und Sie blicken auf die Bluestack Mountains und die

Donegal Bay. Hübscher Garten, in dem man perfekt entspannen kann. Die Besitzer Eileen and Tony geben gerne Tipps für Unternehmungen.

Donegal, Sligo Rd, Co. Donegal | www.ardlenaghview.com | Tel. 07 49 72 16 46 | 6 Zimmer | €

Lighthouse B&B   ♦ F 6

Meerblick – Perfekter Ort, um sich von Erkundungen der Halbinsel Dingle zu erholen ist dieses B&B in der Stadt Dingle. Von den Zimmern blickt man auf den Hafen und den Ozean dahinter, im Dining Room gibt´s nicht nur hervorragendes Frühstück, sondern abends auch ausgezeichneten Fisch, der Garten verlockt zu einer Tasse Tee.

Dingle, The High Rd, Co. Kerry | Tel. 06 69 15 18 29 | www.lighthousedingle.com | 4 Zimmer | €

Lough Dan House B&B   ♦ F 6

Bergtouren – Das mit viel Liebe geführte B&B in der grünen Landschaft des Lough Dan, des größten Sees der Wicklow Mountains, ist ein idealer Ausgangspunkt für Wanderungen und Biketouren im Nationalpark, von denen man sich danach am Kamin der Familie Byrne erholen kann. Sean, der Besitzer, begleitet Gäste auch gerne als Guide – zum Beispiel am Fernwanderweg Wicklow Way.

Roundwood, Carrigeen Duff, Lough Dan, Co. Wicklow | Tel. 0 12 81 70 27 | www.loughdanhouse.com | 6 Zimmer | €

Weitere empfehlenswerte Adressen finden Sie im Kapitel IRLAND ERKUNDEN.

Preise für ein Doppelzimmer mit Frühstück:

€€€€ ab 200 €	€€€ ab 150 €
€€ ab 100 €	€ bis 100 €

Die Noblesse vergangener Zeiten hat das Belfaster Merchant Hotel bewahrt, und im Restaurant des Hauses speist man ganz vorzüglich (▶ S. 24).

ESSEN UND TRINKEN

Irish Stew, Fish und Chips, Guinness und Whiskey – sicher fällt einem das zuerst beim Thema Irish Food ein. Doch sind die Gaumenfreuden auf der »Grünen Insel« heute vielfältig und oft sehr exzellent, und viele Restaurants offerieren Frisches aus irischen Landen.

Über die irische Küche musste man noch bis vor wenigen Jahren kaum ein Wort verlieren. Da die Grundzutaten in Irland auch nicht besonders variantenreich waren, beschränkte sich die Küche auf Pies, Lamm und Irish Stew, einer meist recht deftigen Mix aus Lamm, Kartoffeln und Gemüse. Dazu kamen Fish und Chips und Burger in den verschiedensten Varianten.

KULINARISCHER AUFSCHWUNG

Aber die Küche in Irland hat in den vergangenen Jahren enorm an Reputation gewonnen: Einerseits durch kreative Köche, die traditionelle Gerichte modern interpretieren, andererseits durch die neu forcierte Regionalität, die lokale Zutaten bevorzugt, die am besten noch nach biologischen Kriterien beim Bauern, den man kennt, erzeugt wurden.

◀ Eine irische Delikatesse: gegrillte Austern,
dazu ein Guiness.

Viele Farmer setzen inzwischen wieder auf regionale Gemüsesorten, Rinder- und Schafrassen. Irischer Lachs oder Forellen aus den Binnengewässern stehen inzwischen ebenso hoch in Kurs wie fangfrische Fische und Meeresfrüchte aus den Wassern rund um die Insel. Auch irische Austern sind eine Delikatesse. Man schlürft sie übrigens mit einem Pint Guinness oder einem Glas Whiskey.

PUB-KULTUR

Das beste Pint gibt's immer im Stamm-Pub – da sind sich viele Iren einig. Das Pub ist immer noch das liebste Wohnzimmer, vor allem der älteren Generation. 4000 Pubs soll es in ganz Irland geben, Tendenz leider sinkend. Schuld sind die Wirtschaftskrise und sich ändernde Trinkgewohnheiten. Auf dem Land konnte man im Pub auch Verschiedenes einkaufen – eine Hälfte war Schänke, die andere Laden; hier erfuhr man alle Neuigkeiten, hier gab es das öffentliche Telefon. Noch gibt es einige Etablissements dieses Typs, vor allem in den Midlands. Manche hatten Snugs, kleine Séparées. Entstanden sind sie in den Tagen, in denen Frauen und Priester noch nicht trinken durften, es aber trotzdem taten. Noch heute sind jedoch Schankraum und die Theke für Kinder und Jugendliche tabu, zumindest werden sie hier nicht gern gesehen; im abgetrennten Speisebereich sind sie jedoch sehr willkommen. Aber ein irisches Pub ist nicht gleich einem irischen Pub: Es gibt moderne, die eher Bars ähneln, es gibt Gastro-Pubs, wo man gut und preiswert essen kann (Pub Grub oder Bar Meal), und es gibt noch die traditionellen Pubs – die oft schon vor mehr als 100 Jahren Bier ausschenkten, und in denen Livemusik – am besten traditionell irische – dazugehört.

BESONDERE EMPFEHLUNGEN
RESTAURANTS
Ballyknocken House & Cookery School 🛥 F 6
Irisch-südländisch – Am Fuße der Wicklow Mountains ist man zu Gast bei der charmanten TV-Köchin Catherine Fulvio. Sie verbindet irische Zutaten mit mediterranen Facetten zu einer großen, kreativen Kochkunst und gibt daneben – im umgebauten Kuhstall – auch Kochkurse. Übernachten kann man in dem eleganten viktorianischen Haus ebenfalls.
Glenealy, Ashford, Co. Wicklow | www. ballyknocken.com | Tel. 0 40 44 46 27 | Öffnungszeiten des Restaurants auf Anfrage | €€€

Bon Appetit ⚓ F 5

Sterneküche – In Malahide an der Küste bei Dublin liegt dieses Michelinstern-bekränzte Lokal, in dem Oliver Dunne – in London Schüler von Gordon Ramsey und Gary Rhodes – mit regionalen, der Jahreszeit entsprechenden Produkten seine fantasievollen Speisen kreiert.

Malahide, 9 James Terrace, Co. Fingal | Tel. 0 18 45 03 14 | www.bonappetit.ie | Do–Sa 12.30–14.30, Mi–Sa 18–21.30 Uhr | €€€€

Fishy Fishy Café ⚓ C 9

Bester Fisch – Eine der besten irischen Locations, um frischen Fisch zu essen, direkt am Hafen und die Bucht von Kinsale, »Gourmet-Hauptstadt«, vor Augen, woher er stammt. Wer es eilig hat, der kann sich gleich im angeschlossenen Fish'n'Chips Shop bedienen. Auch der sucht irlandweit seinesgleichen.

Kinsale, Crowley's Quay, Co. Cork | Tel. 02 14 70 04 15 | www.fishyfishy.ie | März–Okt. tgl. 12–21, Nov.–Feb. So–Mi 12–16, Do–Sa 12–21 Uhr | €€€

Lady Helen ⚓ E 7

Irische Küche – Eleganz dominiert im Restaurant Lady Helen im luxuriösen Mount Juliet County Estate bei Kilkenny die Einrichtung. Die Küche ist innovativ und doch irisch und verwendet (fast) nur heimische Zutaten – die Kräuter zum Beispiel stammen aus dem eigenen Garten. Das Resort ist eingebettet in die grüne Landschaft am River Nore.

Thomastown, Mount Juliet | www.mountjuliet.ie | Tel. 0 56 77 73 000 | Dinner Mo–So ab 18 Uhr | €€€€

Restaurant Patrick Guilbaud ▶ Klappe hinten, e 5

Top-Klasse – Das einzige Restaurant mit zwei Michelin-Sternen in Irland. Französische Küche auf Weltniveau. Küchenchef Guillaume Lebrun sorgt aktuell dafür, dass das Restaurant im Merrion Hotel seine zwei Michelin-Sterne auch nach fünfzehn Jahren hält. Seine Spezialitäten: Clogher Head Lobster Ravioli, Caramelized Veal Sweetbreads und die Assiette au chocolat. Nach dem Essen verführt die beheizte Terrasse mit Blick über den Garten zu einem Digestif.

Dublin, 21 Upper Merrion St (im Hotel The Merrion) | Tel. 0 16 76 41 92 | www.restaurantpatrickguilbaud.ie | Di–Fr 12.30–14.15, Sa 13–14.15, 19–22.15 Uhr | €€€€

Shu ▶ S. 139, südöstl. a 3

Belfast live – Gilt seit einiger Zeit als das beste Restaurant Nordirlands, Brian McCann versteht es, beste Zutaten mit Kreativität zu kombinieren. Wie wär's mit einer langsam gekochten Lammschulter mit Auberginen-Tatar?

🕐 Probieren Sie den mittäglichen Business-Lunch um 10 €: Preis-Wert ist eine Untertreibung.

Belfast, 253 Lisburn Rd | Tel. 0 28 90 38 16 55 | www.shu-restaurant.com | Mo–Fr mittags, Do–So abends | €€€

PUBS UND BARS

Crown Liquor Saloon ▶ S. 139, a 3

Viktorianisch – Eine Institution, und obwohl auch bei Touristen begehrt, muss man hier einfach ein Pint trinken. Das viktorianische Interieur, die Holzvertäfelung, die Glasfenster und die stets vollen snugs – die abgeschlossenen Trinknischen – machen es zu einem der schönsten Pubs der Insel.

Belfast, 46 Great Victoria St | Tel. 0 28 90 24 31 87 | www.crownbar.com | Mo–Mi 11.30–23, Do–Sa 11.30–24, So 12.30–22 Uhr | €

Mc Carthy's ⚑ E 7

Eines für alles – Pub, Restaurant und Leichenbestatter – das beschreibt dieses einzigarte Etablissement am besten: Das Pub, das »public house«, das das Leben im Dorf zusammenhielt – ein Klassiker in den Midlands im County Tipperary nahe Cashel. Es soll schon 1840 bestanden haben und offeriert immer noch gutes Bier und noch besssere Stimmung.

Fethard, Main St, Co. Tipperary | Tel. 05 26 13 11 76 | www.mccarthyshotel. net | tgl. 9–15, Mi–So 18–20.45 Uhr | €

Morrissey's ⚑ E 6

Shoppen und Schoppen – Eines der schönsten Pubs Irlands findet man in Abbeyleix, etwa 14 km südlich von Portlaoise in den Midlands: Umgeben von Regalen mit Süßigkeiten oder alten Teedosen kann man sein Pint genießen und von alten Zeiten träumen, als ein Pub noch der Mittelpunkt der damals viel kleineren Welt war, und man hier nicht nur trinken, sondern auch einkaufen und Neuigkeiten erfahren konnte.

Abbeyleix, Main St | Tel. 05 35 78 73 12 81 | trad. Pub-Öffnungszeiten | €

Weitere empfehlenswerte Adressen finden Sie im Kapitel **IRLAND ERKUNDEN**.

Preise für ein dreigängiges Menü:

€€€€	ab 60 €	€€€	ab 35 €
€€	ab 25 €	€	bis 25 €

Wer sagt, dass man im Pub nicht auch Muße findet? So hat man selbst im berühmten im Crown Liquor Saloon in Belfast tagsüber seine Ruhe (▶ S. 28).

Im Fokus
Das E, auf das man achten soll – irischer Whiskey

Whiskey ist nicht Whisky, zumindest legen Iren und Schotten auf die Unterscheidung großen Wert. Auf der Insel steht die älteste Whiskey-Brennerei der Welt und heute entstehen wieder kleine Destillerien, mit denen eine alte Tradition neu belebt wird.

Die Iren erzählen gerne, dass die ersten Boten des christlichen Glaubens den Whiskey nach Irland gebracht haben und erst dann weiter nach Schottland gezogen sind. Auch dem hl. Patrick und dem hl. Columba wird nachgesagt, sie hätten den Iren das Destillieren beigebracht. Wie auch immer: In den »Annals of the Four Masters« heißt es so schön, dass »der Herrscher über Moyntyrolas am Weihnachtsabend des Jahres 1405 n. Chr. am übermäßigen Genuss von aqua vitae starb …, das ihm nicht aquae vitae, sondern aquae mortis war«. Also wurde Whiskey zu dieser Zeit bereits gebrannt.

Die Bezeichnung Whiskey stammt vom gälischen Fuisce or uisce beatha und bedeutet »Lebenswasser«, aqua vitae. Whiskey ist ganz allein die Bezeichnung für irischen Whiskey, in Schottland heißt das Getränk Whisky – ohne e.

◄ Das Lager der Locke's Distillery in
Kilbeggan (► S. 33).

DER FEINE UNTERSCHIED

Whisky (und Whiskey) werden aus der Destillation von Getreidemaische
gewonnen: gemälzte Gerste ist die Basis von Malt-Whisky in Schottland,
beim irischen Whiskey kommen gemälzte und ungemälzte Gerste zum
Einsatz. Bei einem Blend werden aber auch noch Destillate aus anderen
Getreidesorten verwendet, wie auch bei amerikanischen und kanadi-
schen Whiskey. Ein schottischer (oder auch irischer) Single Malt wird
nur aus einer Sorte gemälzter Gerste hergestellt, ohne mit Getreide
(Grain-)Whiskies verschnitten zu werden. Das Mälzen ist das Erhitzen
der Gerste. Torf findet – ebenfalls anders als in Schottland – nur in Aus-
nahmefällen beim Mälzen der Gerste Verwendung. Deshalb haben die
irischen Whiskeys auch meist einen weicheren Abgang als die würzig-
herben schottischen. Der meiste irische Whiskey wird dreimal, einmal
mehr als der schottische Whisky destilliert. Aber ganz entscheidend für
die Gürte des Feuerwassers ist die Basis für seine Herstellung: guetes Getreide, klares Quellwasser.

REIF UND EDEL

Von fundamentaler Bedeutung für die Güte eines Whiskeys (oder Whiskys) ist das Reifen im Holzfass: Mindestens drei Jahre muss sie dauern,
am besten noch länger. Es ist die Aufgabe des Chefblenders, die einzelnen
Fässer aufeinander abzustimmen. Ist die Reife an der Flasche angegeben,
dann heißt das, dass der jüngste im Blend verschnittene Whiskey dieses
Alter aufweist. Die Fässer haben einen großen Einfluss auf die Entwick-
lung eines Whiskeys: Heutzutage werden statt neuer Fässer oft gebrauch-
te mportierte Sherry- oder Portfässer eingesetzt, deren Holz dem Whiskey besondere Aromanuancen und Komplexität verleihen.
Ende des 18. Jh. zumindest gab es rund 2000, fast ausschließlich illegale
Destillerien im Land und so gut wie jeder hatte Gerste gebrannt. Die Des-
tillierapparate befanden sich meist irgendwo auf weiter Flur, nicht weit
weg vom Torf, mit dem man das Feuer schürte, und zugleich in der Nähe
von klarem Wasser.
1823 wurde die Whiskey-Destillation revolutioniert, als ein jeder eine Lizenz für nur zehn Pfund kaufen und eine Brennblase mit 160 l besitzen
musste, um selbst brennen zu dürfen. Aber in Dublin oder Cork machten
große Destillerien hauptsächlich das Geschäft.

WHISKEY – TROTZ ALLEDEM

Dass irischer Whiskey zum Teil mit ungemälzter Gerste produziert wird und damit fruchtiger und leichter wirkt als schottischer, verlieh ihm einen Marktvorteil. Doch dann erschien 1838 Father Matthew auf der vernebelten Bildfläche, wetterte gegen Alkohol und binnen zweier Jahre war fast die Hälfte aller Lokale verschwunden, in denen Whiskey ausgeschenkt wurde. Trotz allem - irischer Whiskey gedieh weiterhin: Sogar als den Iren mit der Unabhängigkeit 1923 der gesamte Markt des britischen Königreichs wegbrach und 1920 die amerikanische Prohibition einsetzte, die bis 1933 dauerte. Danach kam der Zweite Weltkrieg. Nichtsdestotrotz überlebten Paddy und Jameson; Tullamore oder Comber schlossen in den 1950er Jahren.

Im Norden Irlands, wo man nach der schottischen Methode Whisky (ohne e) produzierte, gelang es Bushmills, auf dem Markt zu bleiben. Coleraine hingegen machte in den 60er Jahren dicht – die Destillerie hatte einen Blend aus schottischem und irischem Whisk(e)y produziert, der aber nicht genug Abnehmer fand. 1966 schlossen sich die drei überlebenden irischen Destillerien, Jameson, Power und Cork Distilleries (die Heimat von Paddys) zusammen, und fortan wurde nur mehr in Midleton gebrannt, die beiden Dubliner Destillerien wurden stillgelegt. Anfang der Siebziger trat auch Bushmills den Irish Distillers bei, die heute zu Pernod Ricard gehören.

ERNEUERUNG ALTER TRADITION

Das Monopol wurde erst 1987 gebrochen, als Cooleys eine Brennerei bei Dundalk eröffnete. Und Konkurrenz belebt bekanntlich das Geschäft. So kamen in den folgenden Jahrzehnten aus den drei irischen Brennereien so viele Whiskeys auf den Markt wie schon lange nicht mehr. Mehr als 50 Etiketten waren es – von Jameson über Bushmill's Black Bush über Midleton Very Rare bis zu den Cooley-Etiketten Kilbeggan, Tyrconnel und Connemara (zwei Single Malts, Connemara ist getorft). In der ehemaligen Destillerie von Kilbeggan begann man daraufhin, selbst wieder zu produzieren: Nun gab es vier Destillerien in Irland. Das war aber auch schon der Anfang vom Ende: 2010 machte Cooley zwar Profit, musste aber 2011 endgültig eingestehen, dass sie alleine nicht überleben konnte. So wurde die Brennerei an die amerikanische Jim Beam verkauft, die nun die ganze Produktpalette von Cooley weiterproduziert. Aber die Zeichen stehen gut für irischen Whiskey: Seit den 90er Jahren wächst sein Markt weltweit – durchschnittlich um 20 Prozent pro Jahr.

Und deshalb gibt es wohl bald wieder eine Reihe von neuen Destillerien in Irland: Cooleys- Gründer John Teeling hat 2013 vom Konzern Diageo die Great Northern Brewery in Dundalk gekauft und will sie bis Ende 2014 in eine Destillerie umwandeln: Great Northern Distillery wird sie heißen – und soll wieder »echt« irischen Whiskey produzieren.

NEUER WHISKEY-BOOM

Es wird aber nicht die einzige neue irische Destillerie sein: Teeling plant noch eine zweite in Dublins Liberties Viertel und auch im Rest Irlands scheint ein Whiskey-Boom auszubrechen. Die West Cork Distillers produzieren bereits seit 2008 in Cork. Die Alltech Craft Distillery wurde 2012 gegründet, ebenso die Dingle Distillery. 2013 ging die Echlinville Distillery auf der Ards-Halbinsel in Nordirland in Betrieb, die erste neue Brennerei im britischen Norden seit 125 Jahren. Sie wird den Dunvilles-Whiskey auf den Markt bringen, dessen Produktion vor 80 Jahren eingestellt wurde. Ein alter Markennamen wird auch durch die 2014 wieder in betrieb genommene Tullamore Dew Distillery auferstehen.

Locke's Distillery　　　　　E 6

Zwischen 1757 und 1953 wurde hier bereits Whiskey gebrannt. John Teeling, ein findiger irischer Unternehmer, kaufte die alte Destillerie vor zwanzig Jahren und begann in der Cooleys-Distillery wieder »echt« irischen Whiskey zu brennen, ab 2007 produzierte er auch wieder in Kilbeggan. 2011 musste allerdings auch er verkaufen, seitdem ist Locke's im Besitz von Jim Beam.
Kilbeggan | www.lockesdistillery museum.ie | April–Okt. 9–18, Nov.–März 10–16 Uhr | Eintrittspreise auf Anfrage

Midleton　　　　　D 9

Jameson, Paddys oder auch legendäre Sammlerstücke (wie der Midleton Very Rare) werden in einer großen Destillerie in County Cork gebrannt. Im Rahmen einer geführten Tour erfährt man alles über die Produktion und kann auch Sorten verkosten.

The Jameson Experience: Old Distillery Walk | www.jamesonwhiskey.com | Shop: tgl. 9–18.30 Uhr, Tourzeiten und Preise auf Anfrage

Old Bushmills Distillery　　　　　F 1

Die Destillerie von Bushmills nahe der Küste in der nordirischen Grafschaft Antrim erhielt schon 1608 ihre Brennlizenz und ist damit die älteste Whiskey-Brennerei der Welt. Old Bushmills – der Name ist seit 1743 bekannt – pflegt die schottische Tradition, zweimal zu brennen und nicht dreimal, wie die Iren. Das Wasser für die Whiskys, die hier produziert werden, stammt aus dem nahen St. Columb's Rill. Bushmills gehört jedoch ebenso wie Midleton zum Konzern Pernod Ricard.
Bushmills, Distillery Rd | www.bushmills. com | März–Okt. Mo–Sa 9.15–16, So 12–16, Nov.–Feb. Mo–Sa 10–16, So 12–15.30 Uhr | Eintritt 7,50 €, Kinder 3,50 €

Grüner reisen
Urlaub nachhaltig genießen

Wer zu Hause umweltbewusst lebt, möchte vielleicht auch im Urlaub Menschen unterstützen, denen ein verantwortungsvoller Umgang mit der Natur am Herzen liegt. Empfehlenswerte Projekte, mit denen Sie sich und der Umwelt einen Gefallen tun können, finden Sie hier.

Mary White knipst das Blatt vom moosbewachsenen Stein, zeigt es und erklärt: »Das eignet sich hervorragend zum Fleisch würzen.« Die ehemalige Parlamentsabgeordnete der irischen Grünen führt heute Touristen durch die Blackstairs Mountains und zeigt ihnen, was man mit dem, was unscheinbar am Wegesrand wächst, alles anfangen kann. Wenn man will, kann man auch gleich einen Kochkurs buchen und lernen, wie man mit Beeren, Pilzen und Kräutern wahre Gaumenfreuden zaubert, die dazu noch gesund sind. Mary White, die einst als Aktivistin im Widerstand gegen ein Bergbauprojekt in die grüne Bewegung geschlittert war, steht nur für einen Teil des irischen Öko-Booms. Neue Regionalität und ökologisch erzeugte Produkte haben landauf, landab in Restaurants, Geschäften und Farmen an Bedeutung gewonnen. Dabei hat es die »Grüne Insel« einfach: Lange Zeit von Landwirtschaft geprägt, industriell rückständig und spärlich besiedelt, halten sich industrielle Sünden und Umweltverschmutzung seit jeher in Grenzen.

Der Name »Grüne Insel« bekommt in Irland aber noch eine andere Bedeutung: Immer mehr Iren finden Geschmack daran, ihren CO_2-Fußabdruck so klein wie möglich zu halten. Regionale Anbieter für Gemüse, Obst, Milchprodukte und Fleisch boomen. Gab es vor wenigen Jahren fast in allen Regalen nur von Großmolkereien produzierten irischen Cheddar, so nimmt allein die Zahl der kleinen ambitionieren Käseproduzenten von Jahr zu Jahr zu. Überhaupt wird in der Lebensmittelherstellung und im Gastgewerbe »ökologisch« groß geschrieben.

BIOLOGISCHE LANDWIRTSCHAFT

Nicht wenige davon, wie auch Hersteller von Cider, Brot oder Fleisch, arbeiten nach biologischen Kriterien (organic auf Englisch). Die meisten Handelsketten haben bereits ein Regal mit »organic products«, und auch die Wochenmärkte legen gerade bei organischen, in Irland hergestellten Waren zu.

Wer auf der irischen Insel reist, hat in den meisten Fällen einen Faible für Natur und Ursprünglichkeit in seinem Gepäck, und hier wird er auch nicht enttäuscht.

ÜBERNACHTEN

Lorum Old Rectory 🐦 E7

In den Blackstairs Mountains liegt diese Farm mit Restaurant. Alle Speisen mit organisch produzierten Zutaten. Auch die liebevollen Details bei der Zimmerausstattung machen den Aufenthalt zu einem unvergesslichen Erlebnis.

Bagenalstown, Kilgreaney, Co. Carlow | Tel. 05 99 77 52 82 | www.lorum.com | 4 Zimmer | €€

Rockyview Farmhouse B&B 🐦 C6

Familiäres B&B. Mit Blick auf den Burren wird auf der Farm nach ökologischen Kriterien gearbeitet und Bio-Qualität produziert.

Fanore, Ballyvaughan, Coast Rd, Co. Clare, | Tel. 06 57 07 61 03 | www.rocky viewfarmhouse.com | 5 Zimmer | €

Temple House 🐦 C4

Eine parkartige Landschaft, mittendrin der kleine Temple House Lake. Sandy und Deb Perceval produzieren Früchte und Gemüse in ihrem Hausgarten ebenso biologisch wie Lamm- oder Kerry-Rindfleisch. Für ihre Gäste haben sie gemütliche Zimmer.

Ballymote, Co. Sligo | Tel. 07 19 18 33 29 | www.templehouse.ie | 6 Zimmer | €

Tír na Fiúise 🐦 D6

Niall und Inez bieten erholsame Ferien in kleinen Cottages auf einer großen organischen Farm, von der aus man ausgedehnte Spaziergänge unternehmen kann. Alle Farmprodukte werden nach Bio-Kriterien erzeugt.

Terryglass, Borrisokane, Co. Tipperary | Tel. 06 72 20 41 | www.tirnafiuise.com | 7 Zimmer | €€

ESSEN UND TRINKEN
Cornucopia Wholefoods
▸ Klappe hinten, e 5

Biologisches Porridge und frisch ge-
presste Säfte gibt's zum Frühstück, zu
Mittag wartet eine breite Palette an Ge-
sundem besonders für Vegetarier, Veganer. Das 1986 eröffnete Restaurant
gilt inzwischen als Institution.
Dublin 2 | 19 Wicklow St | Luas-Halte-
stelle: St. Stephen's Green | Tel. 0 16 77
75 83 | www.cornucopia.ie | Mo, Di
8.30–21, Mi–Sa 8.30–22.15, So 12–21 Uhr |
€

The Farm 🏃‍♀️
▸ Klappe hinten, e 5

Zwei The Farm Restaurants gibt es bereits in Dublins Innenstadt. Das erste
wurde nahe Trinity College 2007 eröffnet, das zweite 2012 nahe dem Grand
Canal. Auf der Speisekarte eine klare
Auswahl guter Gerichte mit irischen
Zutaten, die zum Großteil nach biologischen Kriterien erzeugt worden sind.
Vegetarische und vegane Speisen.
– Farm Restaurant Dawson St | Dub-
lin 2 | 3 Dawson St | Tel. 0 16 71 86 54 |
www.thefarmfood.ie | tgl. 11–23 Uhr
– Farm Restaurant Leeson Street | Dub-
lin 4 | 133 Upper Leeson St | 10 Min.
von St. Stephen's Green | Tel. 0 12 12
07 43 | www.thefarmfood.ie | tgl. 11–
23 Uhr | €€

The Strawberry Tree
🍓 F 6

Im einzigen biologisch zertifizierten
Restaurant Irlands, in der luxuriösen
Brook-Lodge – zu der übrigens eines
der besten Spas der Insel gehört – wird
mit edelsten Zutaten aufgekocht. Warum nicht einmal marinierte Makrelen
oder gedämpften Sellerie mit Wild-
knoblauchrisotto probieren?

Macreddin, Co. Wicklow | www.brook
lodge.com | Tel. 0 40 23 64 44 | Di–So
ab 19 Uhr | €€€€

EINKAUFEN
Dublin Food Cooperative
▸ Klappe hinten, c 5

Biologisches, auch Milchprodukte und
Backwaren kann man hier kaufen.
Donnerstags auch biologisches Gemü-
se und Früchte. 1983 gegründet, ist der
Dublin Food Co-op heute Irlands füh-
rende Kooperative im Besitz ihrer Mit-
glieder.
Dublin, 12 Newmarket (nahe St. Patricks
Cathedral) | www.dublinfood.coop |
Do, Fr 12–20, Sa 9.30 – 16.30, So 11–17 Uhr |

English Market
▸ S. 81, b 2

Biologisch produziertes Gemüse,
Früchte, aber auch Fleisch gibt es in
den georgianischen Hallen des English
Market in Cork zu kaufen.
Cork, Grand Parade, Co. Cork | www.
englishmarket.ie | Tel. 02 14 92 42 58 |
Mo-Sa 8–18 Uhr

Farmer's Market in Howth
🍓 G 5

Frisches Brot verbreitet seinen Duft,
Marmeladen und Konfitüren stehen in
den Regalen. Seebrassen und Lachse
können nicht frischer sein, denn Sie
kommen gleich, wenn die Fischerboote
am Sonntagmorgen in den Hafen von
Howth zurückgekehrt sind, an die
Stände des Fishermen & Farmer's Market. Heimische Bio-Früchte und der
neueste Fang aus dem Meer vor Howth
liegen gleichberechtigt in den Kisten
und warten auf Kunden. Ob nach einem Frühstück, einem frischen Bun
und Kaffee oder ach einem Teller Irish
Stew zum Mittagessen – nach einem

Besuch am Markt in Howth kehren Sie satt und glücklich in die Stadt zurück.

Howth, Co. Fingal | West Pier, Howth Harbour | Tel. 08 76 11 50 16 | www.irish farmersmarkets.ie | Sa, So 10–17 Uhr

Highbank Organic Cider ⚓ E7

Neben Sirup und Säften bieten die Apfelbauern vom County Kilkenny auch feinsten Cider an. Alles bio. Verkostungen gibt's nach Anmeldung.

Farmley, Cuffesgrange, Co. Kilkenny | Tel. 05 67 72 99 18 | www.highbankorchards. com

St. George's Market ▶ S. 139, c3

Mit 23 Fischständen ist der Belfaster St. George's Market der größte Fischmarkt auf der irischen Insel. Am Samstag stehen in dem Gebäude aus dem 19. Jh. beinahe ausschließlich regionale Produkte im Mittelpunkt: Gemüse, Früchte, Backwaren, Fleisch und vieles davon biologisch erzeugt. Man kann vegetarische Falafel kosten oder sich mit einem frisch gemachten Irish Stew stärken. 2014 wurde der Markt zum Best Large Indoor-Market Großbritanniens gewählt. Sonntags begeistert ein reiches Angebot an Kunsthandwerklichem.

Belfast, 12–20 E Bridge St | www.belfast city.gov.uk | Fr 6–14 Uhr, Sa 9–15, So 10–16 Uhr

AKTIVITÄTEN

Kräuterwanderung ⚓ F7

Die ehemalige Grünen-Politikerin Mary White führt Interessierte auf Ecotrails durch die Blackstairs Mountains im County Carlow im Südosten der Insel. Dabei erklärt die Naturenthusiastin fachkundig, wie man Wildfrüchte und -kräuter sowie Pilze sammelt, verarbeitet und daraus deliziöse Speisen zubereitet.

Borris, Killedmond, Co. Carlow | Infos und Anmeldung Tel. 05 99 77 31 84 | www.blackstairsecotrails.ie | zweistündige Tour ca. 35 € pro Person

Im georgianischen Herrenhaus von Temple House, umgeben von einem riesigen parkähnlichen Gelände, findet der Gast in privater Atmosphäre Bed&Breakfast vom Feinsten (▶ S. 35).

EINKAUFEN

*Irlands traditionelle Produkte wie handgestrickte Aran-Pullover,
Bekleidung aus Tweed, Leinenerzeugnisse oder Kristallglas sind
nach wie vor beliebt, vor allem auch ein Whiskey »mit Geschichte«,
am besten bei einem Destilleriebesuch erstanden.*

Bekleidungsketten wie H&M, Zara oder Benetton findet man inzwischen
auch in Irland, in den großen Städten wie Dublin, Belfast oder Cork
ebenso wie in Einkaufszentren am Land. Trotzdem stößt man dazwischen immer wieder auf kleine Läden und Boutiquen, die Besonderes,
oftmals irischer Provenienz offerieren. Die Herkunft »Irisch« ist auch unter den Einheimischen wieder ein Zeichen für Qualität.
Im Schafland Irland bilden Wolle und Wollprodukte traditionell die Basis
für Bekleidung. Dementsprechend beliebt sind die Naturprodukte heute
noch bei Einheimischen und Touristen. Pullover von den Blarney Woollen Mills oder selbst gestrickte Schals und Mützen sind durchwegs von
guter Qualität. Das gilt auch für irischen Schmuck, den man einerseits
mit traditionell keltischen Motiven kaufen kann, andererseits auch in
zeitgemäßem Design. Populäre irische Souvenirs findet man fast an jeder

◄ Authentische irische Souvenirs bei
Blarney Woolen Mills (► S. 41).

Straßenecke: kleine Leprechauns und Schafe, Kleeblätter in allen Variati-
onen T-Shirts und Mützen. Die Produkte sind zwar austauschbar, aber
auch nicht teuer, oft recht witzig.

KULINATISCHE SOUVENIRS

Natürlich darf man die kulinarischen Souvenirs nicht vergessen: Käse –
es muss nicht immer Cheddar sein – wird zum Mitnehmen vakuumver-
packt, und auch mit Schokolade, ob von Butlers oder aus einer kleinen
Manufaktur, fährt man immer gut. Eine schöne Auswahl an hausgemach-
ten kulinarischen Produkten findet man auf irischen Wochenmärkten
und – nicht zu vergessen – in den Markthallen, berühmt sind die von
Cork und Belfast. Mit einer Flasche irischem Whiskey liegt man bei On-
keln und Freunden nie falsch, ebenso wie mit irischen Beautyprodukten
bei Tanten und Freundinnen.

BESONDERE EMPFEHLUNGEN

GESCHENKE

Belleek Pottery ⚓ C 9

Es muss nicht immer das mit einem
Kleeblatt oder anderen irischen Motiven verzierte Porzellan sein: Die seit
1857 bestehende Belleek Pottery hat
unter dem Namen Belleek Living auch
moderne Designs im Angebot. Zur
Belleek-Gruppe gehören auch Aynsley
Tableware und Galway Crystal. Das Visitor Centre mit angeschlossenem Museum und Shop ist in den historischen
Gebäuden der Belleek Pottery am
Lough Erne im Nordwesten Irlands
untergebracht.

Belleek, 3 Main St, Co. Fermanagh |
www.belleek.ie | Jan.–Juni 9–1,7.30,
März–Juni Sa 10–17.30, So 14–17.30, Juli–
Sept. Mo–Fr 9–18, Sa 10–18, So 12–17.30,
Okt.–Dez. Mo–Fr 9–17.30, Sa 10–17.30, So
12–17 Uhr

Designist ► Klappe hinten, d 5

In einer ehemaligen Apotheke in Dublins Zentrum findet man einen Mix aus
ansprechend gestalteten Haushaltswa-
ren und Interieur-Artikeln. In der De-
pendance Five & Dime auf der Dame
Street, gibt's pfiffiges Design für die
kleine Geldbörse.

Dublin, 68 South Great Georges
St | www.designist.ie | Mo–Mi, Fr, Sa
10–18.30, Do 10–20.30, So 12–18 Uhr

House of Waterford Crystal ⚓ E 8

Hier erfährt man, wie Kristallglas produziert wird und kann auch schöne
Stücke kaufen. Irisches Kristallglas war
einst weltbekannt und wurde in vielen
Glashütten des Landes erzeugt, von denen nur noch wenige bestehen.

Waterford, The Mall, Co. Waterford |
www.waterfordvisitorscentre.com |
tgl. 9–17 Uhr | Eintritt 12 €, Kinder 4 €

Kilkenny Design Centre 🔖 E 7

Wen man auf der Suche nach klassischen irischen Souvenirs in guter Qualität ist, wird man hier fündig: handgefertigter Schmuck, Wollartikel, aber auch Porzellan und Glas werden in den alten Stallungen von Kilkenny Castle angeboten. Nicht nur in traditionell irischem, auch in modernem Design.
Kilkenny, Castle Yard, Co. Kilkenny | www.kilkennydesign.com | tgl. ab 10 Uhr

Powerscourt Townhouse Centre
▶ Klappe hinten, C 5

Elegantes Design macht dieses Haus zu einem Fixpunkt im Stadtzentrum: Im Loft Market im Dachgeschoss in einer großen Auswahl an Bekleidung und Accessoires stöbern, im Hof kann man einen Kaffee genießen.
Dublin, 59 William St South | www.powerscourtcentre.ie | Mo–Mi, Fr, Sa 10.30–18, Do 10.30–19, So 13–17 Uhr

KULINARISCHES

Butler's Chocolate Experience 👫
▶ Klappe hinten, nordöstl. f 1

Im Schokoladenmuseum herumspazieren und seine eigene Schokoladeskulptur gestalten, das kann man in der Butler's Schokoladenfabrik, in der seit 1932 die Köstlichkeit aus Dublin kreiert wird. Zu kaufen gibt's die Riegel, Pralinés etc. praktisch überall in der Stadt in den Butler's Cafés (das bekannteste ist in der Wicklow Road im Zentrum zu finden), aber auch in den Shops am Flughafen.
Dublin 17, Clonshagh Business & Technology Park, Oscar Traynor Road, Clonshagh | www.butlerschocolates.com | Touren (müssen im voraus gebucht werden) dreimal tgl. Mo–Sa, 10, 12 u.

15.30 Uhr | Eintritt (mit Tour) 13,50 € (Erwachsene und Kinder)

Old Bushmills Distillery 🔖 F 1

Die Whiskey-Destillerie von Bushmills ist seit 1608 in Betrieb und damit die älteste der Welt. Das Wasser für die Whiskys, die hier übrigens nach schottischem Verfahren produziert werden, stammt aus dem nahen St. Columb's Rill. Im Shop kann man die gesamte Palette erwerben, darunter auch den kernigen Black Bush (▶ S. 33).
Bushmills, Distillery Rd, Co. Antrim | www.bushmills.com | Juli–Sept. Mo–Sa 9.15–17, So 11–17, März–Juni, Okt. 12–17.30 Uhr

MÄRKTE

Temple Bar Food Market 🚩
▶ Klappe hinten, d 4

Das alte Temple Bar ist heute ein quirliges, junges Kreativ- und Kulturquartier. Sein Wochenmarkt prägt den Lifestyle des jungen Dublin. Äpfel von David Llewellyn oder Sheridans Cheesemongers mit einer Selektion der besten Käsesorten Irlands und Frankreichs sind ebenso verlockend wie die Spezialitäten der Temple Oyster Bar – mit einem Pint Guinness genossen, die beste Kur für den Hangover. Organisches Gemüse gibt's von Mc Nally's Family Farm in Nalrickard (Co. Dublin).
Dublin, Meeting House Square | www.templebar.ie | Sa 10–16.30 Uhr

MODE

Avoca Handweavers, Mill Store
🔖 F 7

Das Familienunternehmen betreibt eine der ältesten Webereien Irlands. Inzwischen hat Avoca neben dem

Stammhaus im ganzen Land seine farbenfrohen Stores samt Cafés eröffnet und führt unter seinem Label neben hochwertiger Bekleidung, insbesondere feinen Wollwaren, auch Kosmetik, Schönes für Haus und Garten sowie Kulinarisches.

Avoca Village, Co. Wicklow | Tel. 0 40 23 51 05 | www.avoca.ie | tgl. 9–18 Uhr

Blarney Woollen Mills C 9

1750 gegründet, ist heute in den alten Gebäuden der Blarney Woollen Mills ein Visitors Centre und ein Flagship-Store untergebracht. Pullover, Schals und Mützen, dazu Porzellan und Kristallglas, alles aus irischer Produktion, sind hier zu finden. Weitere Shops in Tipperary und in Bunratty.

Blarney, Co. Cork | www.blarney.com | Mo–Sa 9.30–18, So 10–18 Uhr

Henry Jermyn ▶ Klappe hinten, f 5

Der Gentleman geht zu Henry Jermyn: klassische Anzüge in Nadelstreifen oder Prince-Of-Wales-Karo, dazu Hemden, Krawatten und alles, was man braucht, um sich wohl zu fühlen.

Dublin, 16 Clare Street | henryjermyn.ie

Indigo & Cloth ▶ Klappe hinten, d 4

Einer der wichtigsten unabhängigen Bekleidungsstores Irlands. Hier findet man neu interpretierte irische Mode, wie z. B. Tweed nach traditioneller Art und Weise verwoben von Molloy & Sons aus Donegal. Mode für Männer und Frauen und Denim-Liebhaber.

Dublin, 9 Essex Street East | www. indigoandcloth.com

Weitere Geschäfte und Märkte finden Sie im Kapitel **IRLAND ERKUNDEN**.

In der Old Bushmills Distillery wird seit Jahrhunderten Whiskey gebrannt. Im Shop hat man die Wahl unter sämtlichen Sorten und Jahrgängen (▶ S. 40).

SPORT UND STRÄNDE

Auf der irischen Insel verbinden sich sportliche Aktivitäten mit dem Genuss herrlicher Landschaften, etwa beim Angeln, Golfen, Reiten oder beim Wandern. Die Strände mit teilweise gigantischen Wellen sind ein Tummelplatz für Surfer.

Da sie nun einmal recht eigensinnig sind, die Iren, haben sie ihre eigenen Sportarten erfunden, die nur in Irland – und von ein paar Emigranten anderswo – gespielt werden. Auf der Insel gehören sie aber zu den populärsten überhaupt, selbst klassischer Fußball oder Rugby können nicht mit Gaelic Football und Hurling konkurrieren. Gepflegt werden diese Sportarten von der Gaelic Athletic Association (GAA) landauf, landab in örtlichen Clubs (S. 134).

Aber am populärsten sind Gaelic Football und Hurling, die auf ein und demselben Feld gespielt werden: Es ist etwas größer als ein Fußballfeld und an beiden Enden steht ein Tor, dessen Stangen 30 m nach oben verlängert sind. Fast in jedem Dorf Irlands ist ein GAA-Feld zu finden. Gaelic Football und Hurling werden von zwei Mannschaften mit je 15 Spielern gespielt. Gaelic Football wird mit einem Ball wie ein Fußball gespielt,

◀ Ein Angler harrt an der irischen
Atlantikküste geduldig aus.

Hurling mit einem leicht abgewinkelten Schläger (dem hurley) und einem kleinen, handgenähten Lederball (dem sliothar). Beide Spiele dauern je 70 Minuten. Die Spiele sind schnell, spannend und oft auch hart: Kleinere Verletzungen stehen an der Tagesordnung, selbst wenn die Spieler beim Hurling Helme tragen. Und sie sind ein echter Volkssport: Die Kleinen starten üblicherweise schon im Vorschulalter. Ihr Traum ist, in der County-Auswahl zu spielen und schließlich einmal an den All-Ireland-Finals im Dubliner Croke Park Stadium teilzunehmen.

ALL IRELAND FINALS

Die finden alljährlich im September statt: Jeweils Damen und Herren in Hurling – bei den Frauen Camogie genannt – und Gaelic Football. Karten sind immer schon lange Zeit vorher ausverkauft. Doch selbst die Spitzenspieler sind und bleiben Amateure: Profis gibt es keine, zu verdienen gibt es nichts – außer Ehre.

Auch ohne All Ireland Final lohnt sich im Croke Park Stadium – dem größten Sportstadion Irlands mit 82 300 Plätzen – ein Besuch. Zum Beispiel auf der Croke Park Etihad Skyline Tour: 44 m über dem Spielfeld genießt man einen herrlichen Ausblick über Dublin, begleitet und eingeführt von einem Guide. Im GAA Museum kann man die Geschichte der GAA (Gaelic Athletic Association) hautnah miterleben – und gleich auch Hurling und Gaelic Football selbst probieren (Dublin 3, Jones' Road, www.crokepark.ie, Skyline-Tour: Eintritt 20 €, Kinder 12 €).

ANGELN

Fischen in Irland ist wirklich ein Sport: Ob an einem der zahlreichen Binnengewässer – davon sind allein 14 000 km Flüsse – beim Hochseeangeln, das von Frühjahr bis Herbst vor allem vor der West- und Südküste möglich ist. Die Bedingungen sind zum Teil rau, aber das Ergebnis kann sich sehen lassen: Vor allem die Lachsfischerei zählt zu den Höhepunkten im Leben eines passionierten Anglers, Forellen und Karpfen usw. angelt man natürlich auch. In Irland ist Rutenfischen bis auf das Gebiet des oberen Shannon frei, in Nordirland wird eine Gebühr eingehoben. Man erhält die Lizenz vom Central Fisheries Board (www.fishinginireland. info).

FUSSBALL

Der Sport steht im Schatten von Gaelic Football, Hurling und Rugby. Die Spiele der Nationalmannschaft finden zwar

Interesse – besonders bei Weltmeister-schaften, wenn die Iren das Glück ha-ben, dabei zu sein. Aber in fast allen irischen Pubs werden eher die Spiele der englischen Premier League im Fernsehen ausgestrahlt, denn der iri-schen Nationalliga. Die Nationalmann-schaft spielt im Aveva Stadium in Dub-lin.

GOLF

Irland gilt als das Golf-Mekka Europas. Mit über 450 Golfplätzen bietet die In-sel fast überall die Möglichkeit, diesen Sport auszuüben. Anders als auf dem Kontinents ist Golf in Irland ein Brei-tensport, und beim Spielen verschwim-men gesellschaftliche Grenzen. Etwa ein Drittel aller Dünenplätze – Links-Courses – weltweit befindet sich hier. Aber auch unter den Parklandcourses spielt Irland in der Weltklasse mit. Das milde Klima sorgt für die herrlichen Grüns und für angenehme Spielbedin-gungen das ganze Jahr hindurch. Ir-land hat weder private Golfplätze noch solche für »Members Only« wie z. B. in England und Schottland. Kurse, auf der Insel »Tuitions« genannt, werden auf allen Niveaus angeboten und sind er-schwinglich. So ist die irische Gast-freundschaft sogar auf den Golfplätzen allgegenwärtig.

Royal County Down gilt als einer der besten Golfplätze der Welt, ein perfek-ter Links-Course am Meer. Natürlich ist er nicht der einzige in Nordirland: **Royal Portrush-Dunluce** gehört eben-so dazu. In der Republik Irland sind hingegen **Ballybunion, Lahinch, Port-marnock** oder **Waterville** zu finden, wie auch **County Sligo, Tralee** oder **Rosapenna**. Viele der Golfanlagen sind

Wollen Sie's wagen?

Schon immer mal Lust gehabt, die Regeln von Gaelic Football oder Hur-ling zu lernen und auch mal selbst den Schläger in die Hand zu nehmen? In einem Schnellkursus erfahren Sie die Regeln, wie man mit dem Ball bzw. mit dem Schläger richtig trippelt. Übertrieben sportlich muss man nicht sein, nur etwas Ballgefühl sollte man schon mitbringen.
– The Kilkenny Way Hurling Experi-ence: | Tel. 05 67 72 17 18, www.the kilkennyway.com
– Experience Gaelic Games: 32 Claude Road, Drumcondra, Dublin 9. | Tel. 1254 42 92, www.experiencegaelic games.com

weltberühmt. Nicht so bekannte Plätze, vor allem im Westen und Nordwesten Irlands, sind oft mindestens so faszinie-rend und anspruchsvoll und meist für ein geringeres Greenfee zu bespielen. Greenfees gibt es ab 20 € für 18-Loch-Plätze, die renommierten Plätze sind etwas teurer.
– Ballybunnion Golf Club, Co. Kerry, Bally-bunnion | www.ballybunniongolfclub.ie
– Lahinch Golf Links, Co. Clare, Lahinch, www.lahinchgolf.com
– Old Head, Kinsale, Co. Cork, www.old head.com
– Portmarnock Golf Club, Portmarnock, Co. Dublin | www.portmarnockgolfclub. ie
– Waterville Golf Links, Waterville, Co. Kerry | www.watervillegolflinks.ie
– Royal County Down, Down/Nordirland, Newcastle, www.royalcountydown.org

– Royal Portrush Golf Club, Portrush, Antrim/Nordirland | www.royalportrush golfclub.com.

HAUSBOOTFAHREN

Ob man es als Sport bezeichnen kann, sei dahingestellt, aber jeder, der über 21 Jahre alt ist, kann in Irland einen Kabinenkreuzer mieten. Das Wasserstraßennetz, auf dem man fahren kann, ist rund 750 km lang. Es umfasst neben dem Shannon , dem Grand Canal und dem Barrow auch die Seen Lough Key, Lough Ree und Lough Derg. Man ist auch auf dem Wasser und sollte – auch bei der geringen Geschwindigkeit von 10 km/h – auf andere Verkehrsteilnehmer achten wie auch Wetterverhältnisse und Ufer im Auge behalten. Und auch die Passage von Schleusen erfordert einiges an Aufmerksamkeit.

Strecken: www.iwai.ie | Bootsvermieter: www.boatholidaysireland.ie.

KANU UND KAJAK

Die irischen Wasserwege sind ein Paradies für Wasserwanderer: Allen voran der Lough Erne im County Fermanagh mit seinen 154 Inseln, aber auch der Lough Allen, der nördlichste der Seen, die der Shannon in seinem Lauf bildet, in den Counties Roscommon und Leitrim oder die Seenplatte von Cavan. Oder Sie wagen sich gar aufs Meer. Wer es nicht ganz so rau mag, für den empfiehlt sich eine Tour in den ruhigen Wassern des einzigen Fjords Irlands bei Killary Harbour, im Norden von Connemara.

Weitere Infos:
www.kajakurlaub-irland.com,
www.ireland.com

Ein Hausbooturlaub auf Irlands Flüssen kann sehr entspannt sein, wobei man das Land aus einer ganz besonderen Perspektive erkundet (▶ S. 45).

Es gibt nichts Gemütlicheres, als mit dem Pferdewagen auf abgelegenen Straßen übers Land zu ziehen. So vergisst man den Alltag sehr schnell (▶ S. 57).

RADFAHREN

Ein Freund von mir, Udo Kewitsch aus Siegsdorf in Bayern, ein versierter Mountainbiker hat 2012 Irland umrundet: Entlang der Küstenlinie benötigte er drei Wochen für die knapp 2100 km lange Strecke. Das sind 100 km am Tag. Meistens hat es geregnet, »aber irgendwann spürst Du den Regen nicht mehr«, sagt er und würde es jederzeit wieder so machen.

Es gibt auch kürzere Routen: 55 km lang sind die Radrouten im Killarney National Park (▶ S. 120), die entlang der Seen von Kate Kearney's Cottage bis zu Lord Brandon's Cottage führen. Der 70 km lange, ausgeschilderte **West Clare Cycleway** beginnt bei Killimer am Shannon und endet in Lahinch. Ein Geheimtipp ist der Kingfisher Trail: Er führt 370 km über Nebenstraßen durch die Countys Fermanagh, Leitrim, Cavan und Monaghan, immer an der Grenze zwischen der Republik und Nordirland entlang.

REITEN

In Irland gehören Pferde zum Leben auf dem Land. Ob in Kenmare in County Carlow im Osten, dem Quartier des Nationalgestüts mit seinen Rennpferden, oder in Connemara an der Westküste, wo man mit Ponys den Strand entlanggaloppieren kann. Anfänger und Könner kommen gleichermaßen zum Zuge. Reiterferien, Pferdetrecking und Strandreiten (dafür muss man allerdings bereits rechts sattelfest sein) werden auf der Halbinsel Dingle angeboten.

Dingle Horse Riding | The Stables, Baile na Buaile, Dingle, Co. Kerry | Tel. 06 69 15 21 99 | www.dinglehorseriding.com.

Rosturk Trail – Hier kann man kilometerweit am Meer entlanggaloppieren und – bei Ebbe – unbewohnte Inseln entdecken: Carrowholly Stables nahe Westport liegen in einer einzigartigen Landschaft an der Clew Bay.

Carrowholly Stables | Carrowholly, Westport, Co. Mayo | Tel. 098 2 70 57 | www.carrowholly-stables.com

Ponyreiten in Connemara steht vier Kilometer südlich von Clifden auf dem Programm – für Anfänger wie für erfahrene Reiter – auch stundenweise (ab 30 €). Und: Man spricht Deutsch!

Errislannan Manor, Clifden, Co. Galway | Tel. 0952 11 34 | www.connemarapony riding.com

ROAD BOWLING

Eine historische Sportart, die meist nur von Iren ausgeübt wird, und das auch nur auf einsamen Landstraßen: Man schießt einen Ball über eine klar definierte Strecke – in der Regel ein oder zwei Kilometer – und der Teilnehmer, der dafür am wenigsten Würfe braucht, ist der Sieger. Eine Hochburg des Sports ist Cork.

Weitere Infos: www.irishroadbowling.ie.

RUGBY

Eine irische Besonderheit ist Rugby: Die Nationalmannschaft, in der Iren und Nordiren spielen, wird von beiden Seiten, egal welcher Konfession, unterstützt. Das körperbetonte Spiel rund um den ovalen Ball ist beliebter als Fußball. Munster und Leinster sind Hochburgen des Spiels. Einer der wichtigsten Events ist das Six-Nations-Turnier: Neben Irland sind noch England, Wales, Schottland, Frankreich und Italien vertreten. Heimspiele finden im Dubliner Aviva-Stadion statt.

Aviva Stadium | www.rbs6nations. com | 7. und 28. Febr.

SURFEN

Bundoran in Donegal ist die irische Surfhauptstadt: Hier finden alljährlich im April die nationalen Meisterschaften statt, viele Surfer kommen wegen The Peak, einer der besten Wellen der Welt. Sie ist wie ein »sauberes Fass« sein soll, sagen die Einheimischen. Weitere Surfplätze:

– Easkey und Strandhill, County Sligo
– Fenore, Kilkee und Lahinch, County Clare
– Rosslare Beach, County Wexford
– Tramore Beach, County Waterford
– Portrush in Nordirland, beliebt vor allem im Herbst.
– Rossnowlagh Beach, nördlich von Bundoran. Auf der R 231 nach Ballyshannon ist der Strand ausgeschildert.

TAUCHEN

Vor Irlands Westküste gibt es einige der besten Tauchreviere in Europa mit Sichtweiten bis 30 m.

Underwater Council (www.cft.ie) bietet alle wichtigen Informationen.

WANDERN

Wahrscheinlich ist Wandern die beste Möglichkeit, um Irland wirklich mit allen Sinnen zu erleben. Zwischen grünen Landschaften, über Moore und Berge, an Küstenpfaden entlang, am Grand Canal oder dem Royal Canal – hier offenbart sich die Seele Irlands. Und eine verdiente Pause genießt man an besinnlichen Orten, etwa in den Ruinen eines Klosters, einer Kirche oder gar unter einem Dolmen. Hier einige Empfehlungen:

LEICHTE WANDERUNGEN

– **Glendalough zum Lower und dem Upper Lake**: eine der schönsten Wanderungen, bei der man die ganze Geschichte dieses einzigartigen Platzes erfährt. Co. Wicklow

– **Sky Road:** Die ausgesprochen reizvolle Route – 12 km lang – führt von Clifden nach Kingston an der Küste von Connemara entlang (▶ S. 117). Co. Galway

– **Cliffs of Moher:** der Klassiker. Am Holy Head eröffnet sich bereits der Blick auf die Klippen, der mit jedem Schritt Richtung Norden immer spektakulärer wird (▶ S. 129). Co. Clare

– **Causeway Coast Way:** Die Wanderung führt an der spektakulären Küste in Nordirland entlang. Zwischen der Carrick-a-Rede-Hängebrücke und dem Giant's Causeway. Die Kraft des Atlantiks ist allgegenwärtig (▶ S. 144, 147). Co. Antrim

BERGTOUREN

Selbst Berggipfel lassen sich relativ leicht erklimmen (auch wenn man sich immer wieder wundert, wie anstrengend 1000-Meter-Berge sind). Selbst wenn die Berge nicht Alpenniveau erreichen, sollte man immer mit wetterfester Bekleidung und einer aktuellen Wanderkarte ausgerüstet sein. Hier einige Empfehlungen:

– **Blue Stack Mountains:** Co. Donegal

– **Carantuohill (1039 m):** Eine der schönsten Bergtouren, wenn auch nur für Erfahrene, führt auf den höchsten Berg der Insel in den Macgillycuddy's Reeks nahe Killarney (www.croninsyard.com), Co. Kerry.

– **Mount Leinster (796 m)**, Co. Wexford

– **Croagh Patrick (764 m):** der Heilige Berg. Co. Mayo

– **Mount Brandon (951 m):** auf der Halbinsel Dingle, Co. Kerry

WEITWANDERUNGEN

In einem Wanderurlaub hat man in Irland die Wahl unter 31 Weitwanderwegen. Diese sind mit gelbem Pfeil und Wandererpiktogramm beschildert. www.walkireland.ie, in Nordirland unter www.countrysiderecreation.com oder www.walkni.com.

– **Burren Way:** Mit 35 km führt die Wanderung an einer Reihe landschaftlicher Höhepunkte entlang: die Karstfelsen des Burren, Doolin und die Cliffs of Moher sind ein Muss (▶ S. 127, 129). Co. Clare.

– **Cavan Way:** Zu den Quellen des Shannon ⭐ führt ein 26 km langer Weg. Man kommt aber auch vorbei an Dolmen und Mooren. Co. Cavan

– **Kerry Way:** Er ist wahrscheinlich der bekannteste der Weitwanderwege im Westen: Auf 214 km führt er am Ring of Kerry an der Küste entlang wie auch durch die Felsen der Macgillycuddy's Reeks. Co. Kerry.

– **Wicklow Way:** Von Dublin bis Clonegal in Carlow erstreckt sich der älteste Weitwanderweg des Landes auf 132 km und geht durch eine einzigartige Landschaft. Co. Wicklow. www.walkireland.ie, in Nordirland unter www.countrysiderecreation.com oder www.walkni.com.

STRÄNDE

Irland ist keine klassische Bade-Destination, obwohl es eine Reihe von herrlichen Stränden besitzt. 82 irische Strände sind von der EU mit der blauen Flagge ausgezeichnet worden. Die meisten befinden sich an der Südküste, in County Cork und County Kerry, aber auch im nördlichen Donegal gibt es einige. Doch wirken an der Küste die Gewalten des Ozeans, das heißt, beim Baden muss man gefährliche Strömungen meiden (auf Hinweisschilder achten) und bei Strandspaziergängen mit den Gezeiten rechnen.

– **Murvagh Beach:** Das flache Wasser ist in den Sommermonaten wahrscheinlich eines der wärmsten in ganz Irland; es hat natürlich den Nachteil, dass das Schwimmen nur in der kurzen Zeit der Flut möglich ist. Der Strand wird von einer schönen Dünenlandschaft und Wald begrenzt und liegt nahe dem Donegal Golf Club. Der Beschilderung nach Murvagh Forest Park folgen. Co. Donegal.

– **Silver Strand:** In einer stillen Meeresbucht im Südwesten Donegals, ein herrlicher Strand mit weißem Sand und türkisblauem Wasser. Man erreicht ihn zu Fuß von Malin Begh in rund zehn Minuten. Der Weg ist ausgeschildert. Co. Donegal.

Auf dem Trail durch die Maumturk Mountains in Connemara sind Wanderer mit sich und der weiten einsamen Landschaft allein (▶ S. 48).

FESTE FEIERN

*Die Iren lassen kaum eine Gelegenheit aus, um zu Feste zu feiern,
und alle möglichen Gründe, schon die Freude über
»good food«, gibt Anlass genug zu ausgelassener Fröhlichkeit.
Den St. Patrick's Day zelebrieren Iren in der ganzen Welt.*

Die Iren wissen ihr Essen zu schätzen und zelebrieren es: Austern, Gemüse, Cider, Bier – kaum ein Lebensmittel, dem sie nicht ein kleines Festchen oder ein ganzes Festival gewidmet haben. So feiert man im August und September in Galway und Carlingford Oyster Festivals, und spült frische Austern aus den Loughs mit viel Guinness oder einem rauchigen Single Malt hinunter (www.galwayoysterfest.com, www.carlingford.ie). Das wahrscheinlich schönste Food Festival findet jedoch Ende der Saison in Kinsale, der kulinarischen Hochburg im Südwesten Irlands statt.

ST. PATRICK'S DAY

Der Gipfelstürmer der irischen Feste ist ganz sicher am 17. März der St. Patrick's Day, gleichermaßen der Namenstag des Nationalheiligen und irischer Nationalfeiertag. Er wird weltweit gefeiert, das Epizentrum des in

◀ Spiel und Theater beim Fringe Festival
in Dublin (▶ S. 52).

Grün schwimmenden Festtages, bei dem Hektoliterweise Guinness und anderes Gebräu durch die Zapfhähne rinnt, ist aber Dublin. Kein anderer Feiertag des Jahres – nicht einmal Neujahr – kann im Dubliner Festivalkalender mit diesem grundirischen Großereignis mithalten.

JANUAR
Temple Bar Trad Festival 👥 🚩
Fünf Tage und Nächte lang wird rund um Temple Bar bei irischer Musik, aber auch mit Salsa und Flamenco gefeiert. 200 Konzerte (viele davon kostenlos), ein großes Kinderprogramm u. v. m.
Dublin | Temple Bar | Ende Jan. | Tickets unter www.templebartrad.com

FEBRUAR
Jameson Dublin International Film Festival
Das Beste des irischen und internationalen Kinos in verschiedenen Festspielkinos.
Februar | Filmpaläste in Dublin, vor allem im Stadtzentrum | www.jdiff.com

MÄRZ
Só Sligo Festival
Es geht in Sligo bei den World Irish Stew Championships mit einer Profiund eine Amateurliga um das beste Cooked Irish Breakfast.
Mitte März | Sligo | www.sosliog.com

St. Patrick's Day Parade & Festival
Dem walisischen Mönch, der im 5. Jh. das Land christianisierte, ist dieser nationale Feiertag gewidmet. Höhepunkt ist immer noch die Dubliner Parade. Während des fünftägigen Festivals gibt es Konzerte, Ausstellungen, Theater, Straßenkünstler, Feuerwerk und natürlich viel, viel zu trinken …
17. März | verschiedene Veranstaltungsorte in Dublin, Parade durch die Innenstadt | www.stpatricksfestival.ie

MAI
International Dance Festival Ireland
Die besten internationalen Tanzkompanien zeigen ihr Können.
Mai | Dublin, 26 South Frederick Street | www.dublindancefestival.ie

Dublin Writers Festival
Dichter und Literaten aus der ganzen Welt treffen sich jährlich in Dublin zum weltweit beachteten Writers Festival. Lesungen, öffentliche Diskussionen und zahlreiche Veranstaltungen zum Thema Literatur.
Ende Mai | verschiedene Veranstaltungsorte in Dublin | /www.dublin writersfestival.com

Fleadh Nua
Großes Folkmusic Festival in Ennis.
Ende Mai | Ennis, Co. Clare | www. fleadhnua.com

JUNI
Bloomsday
Am Tag, an dem James Joyce seinen Protagonisten Leopold Bloom in sei-

nem »Ulysses« als modernen Odysseus durch Dublin wandern lässt, begeben sich alljährlich zahlreiche Joyce-Fans auf seine Spuren. Spontane und offizielle Lesungen von Yoyce-Texten gibt es an verschiedenen Orten, Hauptschauplätze sind aber das James Joyce Museum und das Writers Museum.

16. Juni | Dublin

Pride

Höhepunkt der Veranstaltungswoche mit Drag-Queen-Contests, Konzerten und Ausstellungen ist der Pride March, der vom Garden of Remembrance zum Wood Quay führt.

Juni | verschiedene Veranstaltungsorte in Dublin | www.dublinpride.ie

JULI

Galway Arts Festival

Die Parade der Macnas-Theaterkompanie ist der Gipfel dieses Kunstfestivals mit Theater, Musik und Film.

Juli | Galway, Co. Galway | www.galwayartsfestival.ie

Ballyshannon Folk Festival

Ende Juli | Ballyshannon, Co. Donegal | www.ballyshannonfolkfestival.com

AUGUST

Dublin Horse Show

Mehrtägiges Schauspringen, das zu den angesehensten weltweit zählt. Der berühmte Nations' Cup um die Aga Khan Trophy findet am Freitag statt.

Anfang August | Royal Dublin Society, Anglesea Road, Ballsbridge | www.rds.ie

Oxegen

Irlands größtes Musikfestival, früher für Rock- und Popmusik, inzwischen für Dance- und Hitparadenacts: verschiedene Bühnen am Punchestown Racecourse in County Kildare. David Guetta, Calvin Harris, aber auch die Kings Of Leon oder REM sind hier schon aufgetreten.

Anfang August | Punchestown Racecourse, Co. Kildare | Busse ab dem City-Centre Dublin | www.oxegen.ie

Liffey Swim

Jährlich stattfindendes Wettschwimmen, das an der Rory O'More Bridge nahe der Guinness-Brauerei beginnt und bis zum Custom House führt.

Letzter Samstag im August | Dublin, Rory O'More Bridge to Custom House Quay | www.dublincity.ie

SEPTEMBER

All-Ireland Hurling & Football Finals

Die Finalspiele in den gälischen Sportarten Hurling und Gaelic Football sind immer ein Erlebnis. Karten rechtzeitig besorgen!

Hurling: zweiter Sonntag im September Gaelic Football: vierter Sonntag im September | Dublin, Croke Park, Jones Road | www.gaa.ie

Dublin Fringe Festival

Drei Wochen lang Innovatives von jungen Formationen und etablierten Künstlern bei Theater, Comedy, Musik und Tanz.

Dublin | www.fringefest.com

Dublin Theatre Festival

Irische und internationale Kompanien geben sich bei diesem renommierten Festival mit neuen Produktionen die Klinke in die Hand.

September bis Oktober, verschiedene Veranstaltungsorte | www.dublin theatrefestival.com

OKTOBER

Kinsale Gourmet Festival

Drei Tage im Zeichen feinen Essens.
Anfang Oktober | Kinsale, Co. Cork | www.kinsalerestaurants.com

Ulster Bank Belfast Festival

Theaterfestival, Oper und Konzert.
2. Oktoberhälfte | Belfast | www. belfastfestival.com

Wexford Opera Festival

International renommiertes Festival, bei dem vergessene Opern wieder aufgeführt werden.
2. Oktoberhälfte | Wexford | www. wexfordopera.com

Cork Guinness Jazz Festival

Das größte Jazzfestival der Insel.
Ende Oktober | Cork | www.guinness-jazzfestival.com

Hallowe'en

Hallowe'en ist ein traditionelles keltisches Fest, bei dem zum Sommerende die Seelen aus dem Totenreich zurückkehren. Bei der Hallowe'en Parade in Dublin ziehen Tausende Hexen und Zauberer nach Temple Bar und Wood Quay.
31. Oktober | Temple Bar und Stadtzentrum, Dublin | www.visitdublin.com

OKTOBER/NOVEMBER

Cork Film Festival

Das internationale Festival hat sich besonders mit Kurzfilmen positioniert.
Cork | www.corfilmfest.org

Das Ulster Bank Theatre Festival in Dublin hatte bereits 1957 seine Premiere. Es gehört europaweit zu den ältesten seiner Art (▶ S. 53).

MIT ALLEN SINNEN
Irland spüren & erleben

Reisen – das bedeutet aufregende Gerüche und neue Geschmacks-erlebnisse, intensive Farben, unbekannte Klänge und unerwartete Einsichten; denn unterwegs ist Ihr Geist auf besondere Art und Weise geschärft. Also, lassen Sie sich mit unseren Empfehlungen auf das Leben vor Ort ein, fordern Sie Ihre Sinne heraus und erleben Sie Inspiration. Es wird Ihnen unter die Haut gehen!

◄ Megalith-Friedhof von Carrowmore bei Sligo (► S. 55).

SEHENSWERTES

Carrowmore 🚩 C 4

Zwischen 2500 v. Chr. und 400 v. Chr. sind die Megalithgräber von Carrowmore südwestlich von Sligo entstanden: Sie bilden einen der größten steinzeitlichen Friedhöfe in Europa mit unterschiedlichen Grabtypen – Megalithgräber, Menhire, Steinkreise, Gang- und Hügelgräber. Der Legende nach sind hier die Recken der Königin Maeve aus dem irischen Nationalepos »Táin Bó Cúailnge« (»Der Rinderraub von Cooley«) begraben. Ein Ganggrab wurde rekonstruiert.

Carrowmore ist auch ein idealer Ausgangspunkt für die Besteigung eines sagenumwobenen Gipfels im Nordwesten, des 300 m hohen Knocknarea. Etwa 40 000 Steine bilden dort der Sage nach das Grab der Königin Maeve, 70 m lang und 11 m hoch.

Carrowmore, Co. Sligo | www.heritage ireland.ie | April–Okt. 10–18 Uhr | Eintritt 3 €, Kinder 1 €

Cruachan Aí Visitor Centre 🚩 D 5

Welche Schätze sonst noch im Boden Irlands schlummern, entdeckt man in Tulsk, 10 km von Strokestown entfernt: 60 Nationale Monumente sind rund um das Dörfchen bekannt, und so ist Tulsk noch größer und älter als Tara (► S. 72). Die wenigsten davon sind ausgegraben, und so ist der hier vermutete Palast der Königin Maeve wohl weiterhin verborgen. Daneben finden Sie noch Ringforts und sogar den Eingang zur Unterwelt: The Oweynagat Cave, wo zu Halloween die Seelen entsteigen.

Zur Orientierung erhält man im kleinen Besucherzentrum einen Plan, auch Führungen sind möglich.

Tulsk, Co. Rascommon | www.rath croghan.ie | Mo–Sa 9–17 Uhr | Eintritt 5 €, Kinder 3 €

Gap of Dunloe 🚩 B 9

Ein schöner Ausflug führt nach Gap Of Dunloe, einen von Gletschern ausgewaschenen Gebirgspass zwischen den Purple Mountains und den Macgillycuddy's Reeks bei Killarney. Eingebettet in die eindrucksvolle Landschaft liegen drei kleine Seen, der Black Lake, der Cushvally Lake und der Auger Lake. Die Schlucht wird nur durch eine kleine einspurige Passstraße durchschnitten, auf der vorwiegend Wanderer und Pferdekutschen (eine Kutschfahrt kostet rund 50 € für eine Stunde) unterwegs sind.

Westlich des Gap Of Dunloe liegt auch der Carrantuohill, der höchste Berg Irlands (1040 m).

🕐 Will man den Gap of Dunloe mit dem Auto anfahren, dann eignen sich dafür am besten die Morgenstunden, wenn noch keine Kutschen unterwegs sind und man nur im Schritttempo vorankommt.

Garinish Island   🚩 B 9

Von Glengarriff in der Bantry Bay verkehren regelmäßig Boote auf Garinish Island. Besuchen Sie auf jeden Fall den Anfang des 20. Jh. vom englischen Architekten Harold Peto geschaffenen Garten mit tropischen und subtropischen Pflanzen, italienischen und griechischen Tempeln, Säulen und Statuen. Den besten Rundblick hat man von einem Martello Tower aus dem 18. Jh. Auf der Fahrt auf die Insel kann man mit etwas Glück Robben beim Sonnenbaden beobachten.

Tel. 02 76 30 40, www.heritageireland.ie | Mo–Sa 10–18.30, So 11–18.30 Uhr | Eintritt 4 €, Kinder 2 €

Midleton   🚩 D 9

Das Städtchen Midleton nahe Cork ist vor allem wegen des Whiskeys bekannt: Er wird hier in der Destillerie von Jameson gebrannt und in der Experience erfährt man im Rahmen einer geführten Tour alles über die Produktion und kann auch verkosten – verschiedenste Whiskeys aus der ganzen Welt. Mal sehen, ob Sie den Whiskey herausfinden … (▶ S. 32)

The Jameson Experience: Midleton, Co. Cork, Old Distillery Walk, Tel. 0 24 61 35 94 | Shop: tgl. 9–18.30 Uhr, Tourzeiten und Preise auf Anfrage

Saltee Islands   🚩 F 8

Vor der Küste des hübschen Hafenstädtchens Kilmore Quay (im Juli Schauplatz eines fröhlichen Seafood-Festivals, www.kilmorequayseafood festival.com) liegt das bedeutendste Vogelschutzgebiet Irlands und eines der wichtigsten Europas: Im Frühjahr und Frühsommer, bevor die Küken die Nester verlassen, ist die beste Zeit für einen Besuch (Boote von Kilmore Quay aus). www.salteeislands.info Einige der Felsen von Great und Little Saltee sollen vor mehr als zwei Milliarden Jahren entstanden sein, waren bereits vor 5500 Jahren bewohnt und dienten lange Schmugglern als Versteck.

Die Skelligs   🚩 A 9

Die Skellig Inseln sind ein einzigartiges Vogelschutzgebiet, in dem seltene Arten wie Trottelummen, Papageitaucher und verschiedene Möwenspezies nisten. Die kleine Insel Little Skellig ist völlig den Vögeln überlassen.

Die andere, Skellig Michael (der Felsen des hl. Michael), ist ein 217 m hoher schroffer Berg, der fast senkrecht aus dem Meer wächst. Bernard Shaw beschrieb Skellig Michael als »unglaublicher, unmöglicher, wahnsinniger Ort«. Im 6. Jh. gründete der hl. Fiónán hier eine Mönchsgemeinschaft, die fünf Jahrhunderte lang auf der Spitze der kargen Insel existierte – immer mit Blick auf das grüne Festland. Kleine Personenboote fahren bei guter Witterung vom Hafen des Städtchens Portmagee oder von Valentia Island aus zu den Inseln. Die Überfahrt dauert etwa 90 Minuten und ist selbst an windstillen Tagen etwas wackelig.

Mit einem PS durchs Land

Hinter jeder Biegung verändert sich die Landschaft. Die Geschwindigkeit wird vom Hufschlag des Pferdes bestimmt, gerade mal ein Wolkenbruch kann dafür sorgen, dass man unter dem Dach des Caravans Schutz sucht. Auf den Spuren der Tinkers, der nicht sesshaften Iren, die einst mit ihren Kutschen durch das Land zogen, kann man heute nämlich einen Pferdewagenurlaub buchen. Der Caravan ist mit allem ausgerüstet, was man für das einfache tägliche Leben braucht. Unterwegs ist man meist auf Nebenstraßen, muss aber auch hier auf andere Verkehrsteilnehmer und natürlich auf das Pferd Rücksicht nehmen: Das ist zwar meist sehr gutmütig, aber eben doch – ein Tier.
Weitere Infos: www.irishhorsedrawn caravans.com

Wintersonnenwende in Newgrange   F 5

Um 8.20 Uhr am Morgen dringen die ersten Sonnenstrahlen durch die kleine Öffnung über dem Eingang, erhellen mit ihrem warmen, lebensspendenden Licht den Tunnel und schließlich die Grabkammer in ihrem Zentrum. Knapp eine Viertelstunde dauert die Erleuchtung, die schon die heidnischen Priester vor 5000 Jahren so erlebt hatten. Nur in diesen wenigen Minuten an sechs Tagen zwischen dem 18. und 23. Dezember stimmen Einfallswinkel und Architektur des großen Grabhügels in Newgrange zusammen, sodass die Strahlen in die ansonsten dunkle Kammer dringen. Aber nur die Glücklichsten können dies miterleben: Eine Gratis-Lotterie Ende September entscheidet, wer einen der begehrten Besucherplätze während dieser Tage erhält. Mitmachen kann man im Brú na Bóinne Visitors Centre oder online (www.heritageireland.ie).

Wanderer auf dem Pfad, den vor langer Zeit die Mönche von Skellig Michael angelegt haben. Der Blick geht über das Meer zur Vogelinsel Little Skellig (▶ S. 56).

IRLAND
ERKUNDEN

Die Basaltfelsen des Giant's Causeway an der Küste von Antrim (► MERIAN TopTen, S. 147).

DUBLIN UND DER SÜDOSTEN

*Dublin, die kosmopolitische Hauptstadt zeigt sich als ein
pulsierendes modernes Zentrum. Nur wenige Kilometer entfernt
liegen mystische Orte wie Newgrange oder Glendalough,
die Geheimnisse der langen Vergangenheit der Insel bergen.*

Dublin ist sogar für Anfänger einfach zu erforschen: Im Osten ist die
Stadt vom Meer begrenzt, im Süden von den Dublin und Wicklow
Mountains, im Norden und Westen vom Tal des Boyne und von landwirtschaftlichen Flächen. Der Liffey (oder auch die Liffey – ob der Fluss
männlich oder weiblich ist, darüber streiten sich die Geister) trennt die
irische Hauptstadt. Im Süden sind die wichtigsten Kirchen, Museen und
Restaurants zu finden, das Regierungs- und das alte Universitätsviertel.
Im Norden Theater, der Hafen und die meisten Wohnbezirke. Ist man
nur für ein Wochenende in der Stadt, findet man in Gehdistanz die wichtigsten Sights: Trinity College mit der 1200 Jahre alten Handschrift des
Book of Kells, Dublin Castle, St. Patrick's Cathedral, das National Museum of History mit seinen Schätzen, Galerien und jahrhundertealte Pubs
mit traditioneller irischer Musik.

◄ Das Denkmal von »Big Jim« – James
Larkin – in der Dubliner Innenstadt.

Gegründet von den Wikingern als
Königreich Dublin, wurde die
Siedlung nach der normannischen
Invasion im 12. Jh. bald die wichtigste Stadt der Insel. Einen großen
Aufschwung nahm Dublin im
17. Jh., wurde die zweitgrößte Stadt
des Britischen Empires und die fünftgrößte Europas. Nach der Unabhängigkeit Irlands im Jahre 1922 nahm das neue Parlament, die Oireachtas,
ihren Sitz in Leinster House und Dublin wurde die Hauptstadt, zuerst des
Irischen Freistaates und später der Republik Irland.

DAS MODERNE DUBLIN

Noch vor zwei Jahrzehnten war Dublin eine verschlafene Hauptstadt an
der Peripherie Europas, erst mit Erwachen des »keltischen Tigers«, rückt
es immer mehr in den Mittelpunkt. Zahlreiche Weltkonzerne wie Google
oder Microsoft eröffneten ihre Europazentralen hier. Drei Universitäten
und andere Ausbildungsstätten haben ihren Sitz in der irischen Metropole, die 2012 zur Europäischen Wissenschaftshauptstadt erkoren wurde,
nachdem sie 1991 Kulturstadt Europas war. Doch Dublin zeigt seinen
Charme nicht sofort, man muss neugierig sein und hin und wieder die
gängigen Touristenpfade und Pub-Routen verlassen. In den Straßen und
Parks, am Liffey, am Hafen oder in einer der modernen Galerien erlebt
man immer wieder solche Momente, die Dublin zu einer der besten und
spannendsten Städte der Welt machen und zu einer, in die man immer
wieder gerne zurückkehrt.

DIE OSTKÜSTE

Auch die Grafschaften an der irischen Ostküste – von Wicklow im Süden
bis Meath im Norden – sind stark durch die Dominanz Dublins geprägt.
Viele Bewohner pendeln in die Hauptstadt, um dort zu arbeiten. Dabei
haben aber auch diese Regionen ein ganz spezielles Flair, das man erkunden sollte: nicht bei dem touristischen Pflichtprogramm mit Glendalough, Newgrange oder dem Hill of Tara, sondern eher auf den Wanderwegen der Wicklow Mountains, in den Gärten der georgianischen
Herrenhäuser oder in den Fischerdörfern der Halbinsel Cooley.

DUBLIN

1 300 000 Einwohner

Stadtplan ▶ Klappe hinten

Irlands Hauptstadt und ihre Umgebung vereinen (fast) alles, was Irland ausmacht: Kultur und Kunst, eine einzigartige Landschaft und viele Orte, an denen man hervorragend isst und trinkt. Vieles davon befindet sich im Stadtzentrum, man kann beruhigt zu Fuß gehen und muss nur hin und wieder den Fluss Liffey überqueren, der Dublin in eine North- und eine Southside teilt.

SEHENSWERTES

❶ Dublin Castle 🚹

Eines der ältesten Baudenkmäler im Zentrum ist Dublin Castle: Es wurde 1024 im Auftrag von King John im Südwesten der damaligen Stadt als Verteidigungswall errichtet, bereits 1230 war es eine normannische Burg mit vier Wällen und einem zentralen Hof. Bis zur Unabhängigkeit der Sitz der englischen Staatsmacht in Irland, dient Dublin Castle heute öffentlichen Zwecken. Man findet hier auch die Chester Beatty Library, zwei Museen, ein internationales Konferenzzentrum und zwei Cafés.

www.dublincastle.ie | Geführte Touren durch die Staatsräume und den mittelalterlichen Teil des Castles: Mo–Fr 10–17, Sa–So 14–17 Uhr | Eintritt 4,50 €, Kinder 2 €

❷ Marsh's Library

Die erste öffentliche Bibliothek Irlands wurde 1701 von Erzbischof Narcissus Marsh gegründet. Hier sind über 30 000 seltene Bücher und Manuskripte versammelt, und das in einem Ambiente, das seit mehr als drei Jahrhunderten unverändert geblieben ist. Selbst die versperrbaren Käfige sieht man noch, in denen es Besuchern einst erlaubt war, besonders wertvolle Bücher zu begutachten. Aber auch die Marsh's Library hat sich den modernen Zeiten angepasst. An jedem (Arbeits-) Tag findet man ein Bild aus einem der seltenen Bücher auf Facebook.

St. Patrick's Close | www.marshlibrary. ie | Mo, Mi–Fr 9.30–13, 14–17, Sa 10–13 Uhr | Eintritt 3 €, Kinder 2 €.

❸ St. Patrick's Cathedral

Das größte Gotteshaus Irlands stammt aus dem 13. Jh., wurde aber auf einem Vorgängerbau errichtet, der auf das 5. Jh. und damit auf den Heiligen Patrick zurückgeht: An einer Quelle soll er damals Heiden getauft haben. Die Kirche war – mehr noch als Christ Church Cathedral – der Mittelpunkt der anglo-irischen Gemeinde, daran erinnern auch zahlreiche Grabsteine und Plaketten, unter anderem das Grab des Schriftstellers Jonathan Swift: Er war 1713–1745 Dekan von St. Patrick's, in dieser Zeit schrieb er auch seine wichtigsten Arbeiten, allen voran »Gulliver's Reisen«.

St Patrick's Close | www.stpatricks cathedral.ie | März–Okt. Mo–Fr 9–17, Sa 9–18, So 9–10.30, 12.30–14.30, 16.30–18, Nov.–Feb. Mo–Fr 9–17, Sa 9–17, So 9–10.30, 12.30–14.30 Uhr | Eintritt 5,50 €, Kinder 4,50 €

⭐ Trinity College 🚹

Die Kapelle wurde 1798 nach Plänen von Sir William Chambers, der 30 m hohe Campanile zwischen 1852 und 1853 nach Plänen von Charles Lanyon erbaut. Die Dining Hall, das Graduates'

Memorial Building oder das Rubrics Building (mit dem Baujahr 1690 das älteste Gebäude des Colleges) sind zum größten Teil nur von außen zu bewundern, ebenso das Provost's House, ein Musterbeispiel georgianischen Stils, und man kann kostenlos auf dem Gelände um diese »heiligen Hallen« der 1592 gegründeten Universität herumspazieren. Zur Berkeley Library aus dem Jahre 1967 oder zum 1978 entstandenen Arts & Social Science Building mit der Douglas Hyde Gallery of Modern Art hat man allerdings freien Zugang.

Die **Old Library** birgt im Long Room die größten Schätze des Colleges wie das berühmte **Book of Kells**, das Book of Durrow and Armagh, etwa 200 000 kunstvoll gebundene alte Bücher und eine uralte irische Harfe.

Trinity College, College St | www.book ofkells.ie | Mo–Sa 9.30–17, So (Mai–Sept.) 9.30–16.30, So (Okt.–April) 12–16.30 Uhr | Eintritt 9 €, Kinder frei.

Das irische Buch der Bücher

Ein Mann – es mag wohl ein Priester sein – liest in einem Buch: filigranes Rankenwerk schlingt sich um eine Laube, am unteren Bildrand krümmt sich ein Drache: All das in leuchtenden Farben, rot, gelb, golden, daneben ein kunstvoll verzierter Buchstabe, eine zarte und doch exakte Handschrift. Vor 1200 Jahren entstand die Buchmalerei, das Book of Kells, weit von hier auf der Insel Iona: Zeitlose Kunst (▶ S. 12).

In der Old Library, im 1732 geschaffenen Long Room, ist auch das um 800 entstandene Book of Kells ausgestellt (▶ MERIAN TopTen, S. 62).

MUSEEN UND GALERIEN

4 Chester Beatty Library

Eine überaus reiche Kollektion an Manuskripten, Drucken, Ikonen, Miniaturen und Kunstobjekten. Die ältesten sind bereits 2700 v. Chr. entstanden: ägyptische Papyrustexte, der Koran, Bibeln und viele europäische Stücke aus dem Mittelalter und der Renaissance sind darunter.

Clock Tower Building, Dublin Castle, Dame St | www.cbl.ie | Jan.–Dez. Sa 11–17, So 13–17, Mai–Sept. Mo–Fr 10–17, Okt.–April Di–Fr 10–17 Uhr. Geführte Touren: Mi 13; So 15 u. 16 Uhr | Eintritt frei

5 Dublinia – Viking & Medieval Dublin

Gegenüber von Christ Church Cathedral: Man kommt der Wikinger-Vergangenheit der Stadt auf die Spur, bekommt Einblicke in das Leben auf einem Wikingerschiff und im mittelalterlichen Dublin sowie in die Arbeit von Archäologen.

St. Michael's Hill, Christchurch | www.dublinia.ie | März–Sept. tgl. 10–17, Okt.–Febr. 10–16.30, Dez.10–16.30 Uhr | Eintritt 7,50 €, Kinder 5 €

6 Dublin Writers' Museum

Der großen literarischen Tradition der Stadt von Swift und Wilde über Yeats und Joyce bis zu Beckett und Behan widmet sich diese Sammlung am Parnell Square nahe der O'Connell Street. Ein eigener Raum ist Kinderliteratur gewidmet, regelmäßige Ausstellungen, Theater und Lesungen runden das Programm ab.

18–19 Parnell Square | www.writersmuseum.com | tgl. Mo–Sa 10–17, So 11–17 Uhr | Eintritt 7,50 €, Kinder 4,70 €

7 Hugh Lane Gallery

Eine der umfangreichsten Ausstellungen Irlands für moderne und zeitgenössische Kunst, und zur Zeit ihrer Eröffnung, 1908, weltweit die erste städtische Galerie für moderne Kunst. Die Sammlung umfasst rund 2000 Arbeiten – darunter Franzosen wie Claude Monet, Pierre-Auguste Renoir und Edgar Degas, aber auch zahlreiche angesehene irische Künstler wie Walter Osbourne, Roderic O'Conor oder Francis Bacon, dessen komplettes Londoner Studio hinter Glas originalgetreu wieder aufgebaut wurde.

»Sundays at Noon« heißen übrigens die beliebten Gratis-Konzerte im Museum – das Spektrum reicht von Klassik bis Jazz.

Charlemont House, Parnell Square North | www.hughlane.ie | Di–Do 10–18, Fr, Sa 10–17, So 11–17 Uhr | Eintritt frei, Francis Bacon Studio 7 €, Kinder frei

8 Little Museum

Die Exponate des Museums wurden allesamt von Dubliner Bürgern gestiftet. So sind Fotos, Briefe, Postkarten und historische Objekte – was auch immer einen Bezug zur Stadt hat – zu sehen. Im Rahmen einer Führung erfährt man Erstaunliches über die einzelnen, teilweise doch recht kuriosen Ausstellungsstücke.

15 St Stephen's Green | www.littlemuseum.ie | Mo–Mi, Fr 9.30–17, Do 9.30–20 Uhr | Eintritt 6,95 €

9 National Gallery of Ireland

Die Mitte des 19. Jh. begründete Sammlung unfasst heute 15 000 erstklassige Gemälde unter anderem von Vermeer, Caravaggio, Tizian, Picasso, Monet

In der Hugh Lane Gallery wurde das Londoner Atelier des weltbekannten Künstlers Francis Bacon, der 1909 in Dublin geboren wurde, komplett nachgebaut (▶ S. 64).

oder van Gogh. Zu den irischen Malern zählen Paul Henry, Roderic O'Conor, Nathaniel Hone, Daniel Maclise und Walter Osborne. Explizit ist ein eigener Raum den impressionistischen Landschaftsbildern des irischen Malers Jack B. Yeats gewidmet.

🕐 Bei einem Besuch der National Gallery Januar – in den dunklen Wintermonaten – bekommt man auch die besonders lichtempfindlichen Aquarelle von William Turner zu sehen.

Merrion Square West | www.nationalgallery.ie | Mo–Mi, Fr, Sa 9.30–17.30, Do 9.30–20.30, So 12–17.30 Uhr | Eintritt frei

⑩ National Museum of Archaeology & History

Kein Besuch in Dublin ist komplett ohne diese jahrtausendealten Schätze Irlands gesehen zu haben, hervorragende Beispiele der frühen irischen Kunst: z. B. der Kelch von Ardagh, die Tara Brooch und der Derrynaflan Hoard (8./9. Jh.). Beeindruckend ist die Abteilung Ór – Irlands Gold, die im Parterre zu sehen ist. Andere Bereiche widmen sich der Eisenzeit sowie Körperfunden aus den Mooren.

Kildare St | www.museum.ie | Di–Sa 10–17; So 14–17 Uhr | Eintritt frei

🕚 Royal Hibernian Academy

Eine der schönsten Ausstellungsflächen der Stadt, getragen von einer Non-Profit-Organisation. In dem modernen sachlichen Galeriegebäude wird man umfassend über die aktuelle Lage in der Kunstszene Irlands informiert. In wechselnden Ausstellungen präsentieren Newcomer und etablierte Künstler Malerei, Installationen, Skulpturen und vieles mehr. Im Mai stehen in den Jahresausstellungen rund 1000 Arbeiten junger Künstler, ausgesucht von einer Expertenjury, zum Verkauf. Im angeschlossenen Coppa Café gibt es zudem einen der besten Cappuccinos der Stadt und gute mediterrane Küche.

15 Ely Place | www.rhagallery.ie | Mo, Di 1–17, Mi–Sa 11–19, So 14–17 Uhr | Eintritt frei

ÜBERNACHTEN

Butlers Town House

▶ Klappe hinten, östl. f 6

Stilvoll – In einem Gebäude aus dem 19. Jh., mit viel Geschmack eingerichtet. Frühstück gibt's im hellen Wintergarten, den Nachmittagstee im Drawing Room.

44 Lansdowne Rd | Tel 0 16 67 40 22 | www.butlers-hotel.com | 20 Zimmer | €€

🕛 The Clarence

Bonos Hotel – Im Besitz der U2-Masterminds Bono und The Edge, ist das Haus ein modernes 5-Sterne-Hotel. Innen sind weiße Eichenpaneele mit italienischem Stein und lichtdurchfluteten Fenstern kombiniert. Im Tea Room Restaurant wird eines der besten Breakfasts der Stadt serviert.

Luxus ohne Schnörkel: Blick in die Lobby des Marker Hotel im neuen Dubliner Geschäfts- und Kulturviertel am Grand Canal Square (▶ S. 67).

Dublin, 6–8 Wellington Quay | Tel. 0 14 07 08 00 | www.theclarence.ie | 50 Zimmer | ♿ | €€€

The Marker Hotel 🚩
▶ Klappe hinten, östl. f 4

Bar mit Aussicht – Mitten in den Dubliner Docklands spielt das Marker in der ersten Liga der Stadthotels. Großzügige Spa-Landschaft und eine Rooftop Lounge mit Blick.

Grand Canal Square, Docklands | Tel. 0 16 87 51 00 | www.themarkerhotel dublin.com | 187 Zimmer | €€€

🔟 The Morrisson

Am Fluss – Zeitgenössische Kunst in modernem Design, handgefertigte irische Teppiche – etwas wirklich Einzigartiges hat John Rocha mit dem stylish-eleganten Interieur des Morrissonhotels kreiert. Direkt am Liffey gelegen, kann man in der Cocktail Bar ausspannen oder im Restaurant modern-irisch dinieren.

Ormond Quay | Tel. 0 18 87 24 00 | www.morrisonhotel.ie | 138 Zimmer | ♿ | €€€

Number 31 ▶ S. 24

Sandymount Hotel 🚹
▶ Klappe hinten, südöstl. f 6

Erholsam – In einer ruhigen Straße nahe dem Aviva-Stadion, große Zimmer auf verschiedene zusammenhängende Stadthäuser aufgeteilt. Das umfangreiche Frühstücksbuffet wird im Cordyline Restaurant mit Blick auf den eigenen Garten serviert.

Lansdowne Rd | Tel. 0 16 14 20 00 | www.sandymounthotel.ie | 168 Zimmer | ♿ | €€

🔟 The Shelbourne

Eleganz am Park – Die 1824 erbaute Luxusherberge am St. Stephen's Green gilt als Grande Dame unter den Dubliner Hotels. Diese Grandezza verströmt auch das Interieur mit blinkenden Kronleuchtern, schweren Brokatvorhängen und offenen Kaminen. In der Horseshoe Bar nimmt man einen Aperitif, in der stilvollen Oysterbar gibt es natürlich frische irische Austern und im Saddle Room Restaurant kehrt man zum Dinner ein.

27 St. Stephen's Green | Tel. 0 16 63 45 00 | www.marriott.co.uk | 265 Zimmer | ♿ | €€€€

ESSEN UND TRINKEN

🔟 Bóbó's 🚹

Burger-King – Die beste Burger-Bude der Stadt, aber keine Fließbandware, sondern mit viel Fantasie kreierte Köstlichkeiten für Zwischendurch.

22 Wexford St | Tel. 0 14 00 57 50 | 2. Filiale: 50–51 Dame St, Dublin 2 | Tel. 0 16 72 20 25 | www.bobos.ie | Mo–Mi 12–23, Do–So 14–24 Uhr | €

🔟 Hatch & Sons 🚩

Im Museum – In diesem Lokal im Parterre des Little Museum of Dublin stehen irische Gerichte mit Produkten aus irischen Landen auf der Karte.

15 St Stephens Green | Tel. 0 16 61 00 75 | www.hatchandsons.co | Mo, Di, Fr 7.30–17, Mi, Do 7.30–21, Sa 9–18, So 10–17 Uhr | €€

🔟 Porterhouse

Kult-Pub – Mitten in Temple Bar gelegen werden hier nur Stouts und Helle aus der eigenen Brauerei ausgeschenkt – dazu gibt's Livemusik. Ableger dieser

Kult-Kneipe gibt's inzwischen auch in London und New York.

16–18 Parliament St | Tel. 0 16 79 88 47 | www.porterhousebrewco.com | Mo–Do 10.30–23.30, Fr, Sa 10.30–0.30, So 12–23 Uhr | €

Ein Guinness in Temple Bar

Dunkles Holz, über der Bar eine Hirschtrophäe mit mächtigem Geweih – das Stag's Head ist einer der schönsten Pubs in Dublin. Hier waren schon James Joyce, Quentin Tarantino und selbst der Freiheitskämpfer Michael Collins zu Gast. Die Stimmung ist jeden Tag großartig, besonders bei Live-Trad-Musik (donnerstags und freitags) (▶ S. 12).

⑱ Restaurant Patrick Guilbaud
▶ S. 28

⑲ Shanahan's on the Green
Die besten Steaks von Dublin – Daneben offeriert dieses mit Marmor und Kronleuchtern ausgestattete Lokal in einem georgianischen Stadthaus am St. Stephen's Green exzellenten Fisch aus den irischen Gewässern.

119 St. Stephen's Green | Tel. 0 14 07 09 39 | www.shanahans.ie | Fr 12.30–14, Mo–Fr ab 17.30, Sa ab 18 Uhr | €€€€

⑳ Rustic Stone
Rustikal – Bei Meer und Land fühlt sich Küchenchef Dylan McGrath gleichermaßen wohl: lokale Ingredienzien, »rustikal«, das heißt hier klar und ohne Schnickschnack zubereitet – das ist das Credo seines Restaurants.

South Great George's St | Tel. 0 17 07 95 96, www.rusticstone.ie | Mo–Fr 12–14.30, 17.30–22.30, Sa 13–22.30, So 13–21 Uhr | €€

EINKAUFEN
GESCHENKE
Butler's Chocolate Experience
▶ S. 40

㉑ Design Yard
Ausgefallener Schmuck, aber auch Skulpturen und Lampen sind in diesem Shop in der Nassau Street zu finden. Wechselnde Kunstausstellungen.

Dublin 2 | 25 South Frederick St | www.designyard.ie

㉒ Designist ▶ S. 39
㉓ Powerscourt Town House ▶ S. 40

KOSMETIK
㉔ Nue Blue Eriu
Wem Namen wie E Coudray, Chantecaille oder La Prairie etwas sagen, der ist hier richtig. Man kann sich oder ganz liebe Menschen damit beschenken und sich auch gleich mit den Beauty-Produkten verschönern lassen.

9 William St South | www.nueblueeriu.com

MODE
㉕ Henry Jermyn ▶ S. 41
㉖ Indigo & Cloth ▶ S. 41

KULTUR UND UNTERHALTUNG
CLUBS
㉗ Whelan's
Hier ist immer was geboten: Dublin's Hauptbühne für Indie- und Alternative-Rock. (Fast) jeden Abend Konzerte, aber auch eine Bar zum Abhängen.

25 Wexford St | Tel. 0 14 78 07 66 | www.
whelanslive.com | Ticketbestellung
Tel. 0 18 90 20 00 78 (Mo–Fr 13–20, Sa 16–
20 Uhr)

KINO

28 Irish Film Institute

Das IFI hat sich ganz dem Film verschrieben, ein Zentrum für wahre Ci-
neasten. In einem prächtigen Gebäude
aus dem 17. Jh. untergebracht, gibt es
nicht nur zwei Kinosäle, sondern auch
ein öffentliches Filmarchiv.
6 Eustace St | www.ifi.ie | Mo–Do 10–
23, Fr–So 10–23.30 Uhr

THEATER

29 Abbey

Gegründet wurde das Theater 1904
vom Schriftsteller William Butler Yeats
und der Dramatikerin Lady Gregory,
um irische Autoren und Bühnenkunst
zu protegieren. Es spielte eine wichtige
Rolle im kulturellen und sozialen Be-
wusstsein Irlands. Heute widmet sich
die irische Nationalbühne modernen
Klassikern und Newcomern – von
Shaw, O'Casy bis Brian Friel.
26 Abbey St Lower | Luas-Haltestelle:
Abbey St | www.abbeytheatre.ie |
Ticketverkauf: Mo–Sa 10.30–19 Uhr

30 Gate

Das Gate ist nicht nur das eleganteste,
sondern auch das größte Theater der
Stadt. Vor wenigen Jahren wurde das
250 Jahre alte Gebäude mit einem neu-
en Flügel versehen.
Dublin 1 | Cavendish Row, Parnell
Square | Tel. 0 18 74 40 45 | www.gate
theatre.ie | Ticketverkauf Mo–Sa 10–
19 Uhr

Das Abbey Theatre in Dublin wurde 1904 gegründet, um Werke irischer Autoren aufzuführen
und damit ein nationales Selbstbewusstsein zu stärken (▶ S. 69).

Kochen steht auch in Irland hoch im Kurs, und es macht einfach Spaß, dabei so manchen Kniff zu lernen, wie im Carlingforder Ghan House (▶ S. 71).

Ziele in der Umgebung

◎ CASTLETOWN HOUSE ⚓ F 5

Irlands wahrscheinlich schönstes Herrenhaus im georgianischen Stil, errichtet zwischen 1722 und 1732 für William Conolly, damals der reichste Mann Irlands. Von Palladio inspiriert, arbeitete zuerst der italienische Architekt Alessandro Galilei, dann Edward Lovett Pearce am Gebäude. Eine Pracht ist die Long Gallery mit ihren Stuckaturen und Familienporträts. Den 43 m hohen Obelisken ließ Conolly's Witwe errichten, zum Gedenken an ihren 1729 verstorbenen Mann.

Celbridge | www.castletownhouse.ie | Ostern–Okt. Di–So 10–16.45 Uhr | Eintritt 4,50 €, Kinder 3,50 €
22 km westl. von Dublin

◎ COOLEY ⚓ F 4

Die Halbinsel war teilweise Schauplatz des Nationalepos »Der Rinderraub von Cooley«. Unter ihren idyllischen Dörfern – die man am besten auf einer Rundreise kennenlernt – ist das schönste Carlingford am Carlingford Lough, mit den Ruinen von King John's Castle und einem Flair längste vergangener Zeiten. Eine alte Münzstätte aus dem 16. Jh. ist ebenso zu sehen wie Taaffe's Castle, ein Wohnturm, aus derselben Zeit.

110 km nördl. von Dublin

ESSEN UND TRINKEN

Ghan House

Stylisch – Georgianisches Haus aus dem 18. Jh., eingebettet in eine herrliche Landschaft. Hervorragendes Restaurant mit selbstgebackenem Brot und Kräutern aus dem eigenen Garten.

Carlingford, Main Rd | Tel. 04 29 37 36 82 | www.ghanhouse.com | 12 Zimmer | €€

PJ O'Hares

Austern und Guinness – Carlingford Oysters wird man nirgends besser serviert bekommen wie in diesem Pub, aber auch die anderen Fischgerichte oder die Pies sind einfach köstlich. Am Abend gibt's oft Livemusik.

Carlingford, Newry St | Tel. 04 29 37 31 06 | www.pjoharescarlingford.com | Mo–Sa | €–€€

◎ DROGHEDA   ⬧ F 5

29 000 Einwohner

Im Umkreis von etwa 10 km befinden sich die bedeutendsten neolithischen Kultstätten Irlands. Die alte Wikingergründung wurde 1649 das erste Ziel von Cromwells Truppen, die hier ein Exempel statuierten, 3000 Menschen töteten, darunter Kinder und Frauen, und den Stadtkommandanten mit seinem eigenen Holzbein erschlugen. Heute ist Drogheda ein geschäftiges Zentrum am Boyne, mit Restaurants, Pubs und einigen Sehenswürdigkeiten, wie dem St. Lawrence's Gate, einem der besterhaltenen Stadttore Irlands oder

dem Tholsel genannten Rathaus aus dem 18. Jh. Anfang Mai ist die Stadt Schauplatz des trubeligen Drogheda Food Festivals (www.drogheda.ie).

50 km nördl. von Dublin

SEHENSWERTES

Battle of the Boyne Visitors Centre

In der Schlacht am Boyne unterlagen am 11. Juli 1690 die irischen Truppen unter dem katholischen Stuart-König Jakob II. der Söldnertruppe des protestantischen Wilhelm von Oranien. Das Visitors Centre, ca. 5 km westlich von Drogheda, informiert über das historisch so bedeutsame Geschehen.

Battle of the Boyne Visitors Centre, Oldbridge Estate Farm | www.battleofthe boyne.ie | März–April tgl. 9.30–17.30, Mai–Sept. tgl. 10–18, Okt.–Feb. tgl. 9–17 Uhr | Eintritt 4 €, Kinder 2 €.

Millmount

Möglicherweise überdeckte der Hügel von Millmount einst ein Ganggrab wie Newgrange. Heute thront auf der Anhöhe allerdings das 1808 errichtete Fort. Gleich daneben ist das kleine Drogheda Museum untergebracht.

Millmount | www.droghedamuseum. ie | Mo–Sa 10–17.30, So 14–17 Uhr | Eintritt (Turm und Museum) 5,50 €, Kinder 3 €

ÜBERNACHTEN

D Hotel

Modern – Minimalistisches Interieur, stylisch und mit einem guten Restaurant, der beste Ort zum Übernachten in Drogheda.

Scotch Hall, Marsh Rd | Tel. 04 19 87 77 00 | www.thed.ie | ♿ | €€

ESSEN UND TRINKEN

Carberry's Pub

Seit 1880 – Eine Institution ist dieses rustikale Pub voller Atmosphäre, hervorragende traditionelle Musik wird dienstags und samstags gespielt.

11 North Strand | Tel. 04 19 83 74 09 | trad. Pub-Öffnungszeiten | €

◎ HILL OF TARA   F 5

Vom »Gipfel« des mit Erdwällen umgebenen Hügels genießt man einen Blick in alle vier Provinzen der Insel. Tara war schon in keltischer Zeit ein Kultplatz, galt als Tor zur Unterwelt und Sitz der Götter. Später hielten die irischen Hochkönige hier Hof. Die 230 m lange Banketthalle war der Legende nach Schauplatz des »feis«, eines alljährlich zu Samhain (Helloween) zelebrierten dreitägigen Fests mit religiösen Ritualen. Auf Tara wurde der Hochkönig gewählt, er sprach hier Recht und erließ Gesetze. Der Stone of Destiny auf dem Hügel soll der Krönungsstein gewesen sein. Um die rätselhaften Fundstätten dieses mystischen Ort, wie The Mound of the Hostages – ein steinzeitliches Ganggrab, den Royal Seat – ein Ringfort und Cormac's House wie auch Gráinne's Fort liegen Begräbnisplätze. Um all die Orte ranken sich viele Legenden. So soll in der Enclosure of King Laoghaire dieser, der heidnische Widersacher des hl. Patrick, in seiner Rüstung stehend begraben sein. Mit dem Beginn der Christianisierung schwand auch die Bedeutung von Tara, wenn auch die Könige von Leinster noch bis ins 11. Jh. hier gekrönt wurden. Mehr über die Geschichte erfährt man im kleinen Visitors Centre am Fuße des Hügels.

Navan, Tara | www.heritageireland.ie | Mai–Sept. 10–18 Uhr | Eintritt 3 €, Kinder 1 €

44 km nordwestl. Von Dublin

◎ HOWTH   G 5

8200 Einwohner

Vom Hafen von Howth steuern Touristenboote die rund 1,6 km nördlich liegende, unbewohnte und felsige Insel, Ireland's Eye, an. Hier findet man noch die Ruinen einer Kirche aus dem 8. Jh. und einen Wachturm. Inzwischen hat die Natur das kleine Eiland zurückerobert, und man kann Seehunde und Papageitaucher beobachten.

Howth | Doyle & Sons fährt in den Sommermonaten an Wochenenden vom Ostpier von Howth Harbour mit einem Boot aus auf die Insel: Abfahrtszeiten unter Tel. 0 18 31 42 00 | 15 € hin und retour. Buchen Sie rechtzeitig!

15 km nordöstl. Dublin

◎ KELLS   F 5

2200 Einwohner

Hier gründet der hl. Columcille, der auch in Donegal seine Spuren hinterlassen hat, im 6. Jh. ein Kloster, von dem allerdings nichts mehr erhalten ist. St. Columcille's House und der Rundturm am Friedhof stammen aus dem 9. Jh. Am Friedhof sind besonders drei kunstvolle Hochkreuze sehenswert, von einem vierten ist leider nur mehr ein Stumpf erhalten: Das West Cross zeigt unter anderem Noah's Arche und die Taufe Jesu, das East Cross Szenen der Kreuzigung. Das schönste aber ist das Cross of Patrick and Columba mit seiner Inschrift „Patrici et Columbae Crux". Kells gab auch dem Book of Kells den Namen, das im einst bedeutenden Kloster von Kells aufbewahrt wurde und heute im Trinity College in Dublin zu sehen ist.

65 km nordwestl. von Dublin

◎ MALAHIDE CASTLE AND DEMESNE 👥 ⚑ F 5

Einer der berühmtesten Parks Irlands: 101 ha Grün umgibt ein verwunschenes Schloss. Im Kern ist der Bau ein dreistöckiger Wohnturm aus dem 12. Jh., die Rundtürme wurden 1765 angefügt. Ein Hausgeist ist eine der Besonderheiten des Schlosses, andere sind die zahlreichen Original-Möbelstücke, die von den Herrschaften, den Talbots, zum Teil von ihren Reisen mitgebracht worden sind. Und ein großes Gemälde der Schlacht am Boyne (▶ S. 71) nimmt die Stirnseite der großen Halle ein: In diesem Saal fand das letzte Frühstück vor der Schlacht am Boyne im Juli 1690 statt, in die 14 Mitglieder der Familie zogen, um an der Seite der Katholiken zu kämpfen. Am Tag nach der verlorenen Schlacht war nur mehr einer übrig.

Malahide, Back Road | www.malahide-castleandgardens.ie | tgl. 9.30–16.30 Uhr | Eintritt 14 €, Kinder 7 €

15 km nördl. Dublin

ESSEN UND TRINKEN
Bon Appetit ▶ S. 28

◎ MONASTERBOICE ⚑ F 4

Schon im 5. Jh. wurde dieses Kloster gegründet, das neben Clonmacnoice und Glendalough lange Zeit eines der bedeutendsten in Irland war. Erhalten sind neben den Ruinen zweier Kirchen und einem 30 m hohen Rundturm vor allem drei wunderschöne Hochkreuze:

Die Halbinsel Howth Head ist ein beliebtes Ausflugsziel und von Dublin mit der Schnellbahn DAERT in nur 15 Minuten zu erreichen (▶ S. 72).

Das kunstvollste heißt Muirdach's Cross und ist gleich neben dem Eingang des Friedhofs zu finden.
Monasterboice | Eintritt frei
60 km nördl. von Dublin

◎ NEWBRIDGE DEMESNE  F 6

In einem 350 ha großen Park gelegen, zeigt dieses Herrenhaus aus dem 19. Jh. einige der schönsten Beispiele von (originalen) georgianischen Interieurs in Irland, einschließlich wertvoller Kunstobjekte.

Auch im Außenbereich sind einige interessante Dinge zu sehen: ein perfekt restaurierter Hof, lebende Tiere, dazu eine kleine Molkerei, ein Landarbeiterhaus, eine Zimmerei und eine Schmiede, allesamt aus dem 19. Jh.
Donabate | www.newbridgehouse andfarm.com | Okt.–März Di–So 11–16,

April–Sept. tgl. 10–17 Uhr | Eintritt 5 €, Kinder 4 €
20 km nordwestl. von Dublin

◎ NEWGRANGE/KNOWTH ⭐ F 5

Über eine Länge von rund 15 km birgt das grüne Farmland am Fluss Boyne die größte und bedeutendste Stätte antiker Kulturdenkmäler Europas und insbesondere die jungsteinzeitlichen Ganggräber in Newgrange, Dowth und Knowth mit einem geschätzten Alter von 5000 Jahren gehören zu seinen bedeutendsten prähistorischen Monumenten. Newgrange ist nach einem ähnlichen Prinzip wie die ägyptischen Pyramiden errichtet: Eine Grabkammer ist von einem Tumulus überwölbt und nur durch einen langen Gang erreichbar. Newgrange hat eine Höhe von 12 m und einen Gesamtdurchmes-

Newgrange wird von den Iren auch »Wohnstatt der Götter« genannt. Die etwa 5000 Jahre alte Kultstätte gehört seit 1993 zum Weltkulturerbe (▶ MERIAN TopTen, S. 74).

ser von 85 m. Den Grabhügel umgibt ein Kreis aus ursprünglich 38 Monolithen, von denen nur noch zwölf erhalten sind. Welchem Zweck Newgrange diente, weiß man bis heute nicht: Möglicherweise wurde es für religiöse oder Begräbniszeremonien genutzt.

Das bronzezeitliche Grab von Knowth besitzt zwei Gänge, die ins Herz der Anlage führen. Steine sind mit Linien verziert. Rund um den Grabhügel wurden Reste bronzezeitlicher, eisenzeitlicher, frühchristlicher und normannischer Behausungen und Verteidigungsanlagen gefunden. Und ähnlich wie in Newgrange dringen auch hier die Sonnenstrahlen nur zur Wintersonnenwende ins Innere.

Dowth, die dritte dieser Anlagen verfügt über zwei, zu den Grabkammern führende Gänge. Einer misst 14 m bei einer Höhe von 3 m, der kleinere Gang ist nicht öffentlich zugänglich.

Newgrange, Brú na Bóinne Visitors Centre | www.newgrange.com | Feb.–April tgl. 9.30– 17.30, Mai tgl. 9.00–18.30, Juni– Mitte Sept. tgl. 9.00–19.00, Mitte–Ende Sept. tgl. 9.00– 18.30, Okt. tgl. 9.30–17.30, Nov.–Jan. tgl. 9.00–17.00 Uhr | Eintritt (Newgrange u. Knowth) 11 €, Kinder 6 € 51 km nördl von Dublin

◎ SLANE F5

1100 Einwohner

An der Straßenkreuzung von Slane stehen sich vier identische Häuser gegenüber: Sie sollen einst vier Schwestern gehört haben, jede auf die andere eifersüchtig und sich gegenseitig misstrauisch beäugend. Die Geschichte von Slane geht allerdings weiter zurück: Am Hill of Slane, einen Kilometer nördlich der Stadt, soll der hl. Patrick

433 ein Osterfeuer angezündet und damit Irland für christlich erklärt haben. Auf dem Hügel stehen heute die Ruinen einer Kirche, und man sieht den Hill of Tara und Boyne Valley.

Das private Slane Castle hingegen ist bekannt als Location für Rock-Konzerte: U2 haben schon einige Male hier gespielt, auch die Rolling Stones oder die Foo Fighters. Im neogotischen Schloss, das auch im Rahmen einer Führung zu besichtigen ist (www.slanecastle.ie), kann man ein Whiskey Tasting buchen, bei dem man unter anderem den eigenen Slane Castle Irish Whiskey probieren darf.

48 km nordwestl. von Dublin

ESSEN UND TRINKEN

Old Post Office

Essen im Postamt – Im ehemaligen Post Office bekommt man gutes hausgemachtes irisches Essen und kann auch übernachten.

Main St | Tel. 04 19 82 40 90 | 4 Zimmer | €€

◎ TRIM CASTLE  F5

Über dem Boyne thronte Trim Castle, einst als größte anglo-normannische Festung Irlands. Erbaut wurde sie bereits 1173 von Hugh de Lacy, aber kurz darauf zerstörte sie der letzte Hochkönig, Rory O'Connor. Der heutige Bau bzw. dessen Reste stammt aus der Zeit um 1200 und wurde im 17. Jh. aufgegeben. Seine einstige Größe – die Burganlage erstreckte sich auf etwa 30 000 qm – sieht man aber noch an der Außenmauer, die allein acht Türme und eine Reihe Tore besaß.

Am gegenüberliegenden Ufer des Flusses stehen auf einem Hügel die Überreste des Yellow Steeple, eines Glockenturms der St. Mary's Abbey aus dem 14. Jh., die von Cromwell's Truppen zerstört wurde. Gleich daneben liegt Talbot Castle, ein Herrenhaus aus dem 15. Jh., das teilweise in der einstigen Abtei errichtet wurde.

King John's Castle | www.heritage ireland.ie | Ostern–Sept. tgl. 10–18, Okt. tgl. 9.30–17.30, Feb.–Ostern Sa, So 9.30–17.30, Nov.–Jan. Sa, So 9–17 Uhr | Eintritt 4 €, Kinder 2 € 46 km nordwest. Dublin

WICKLOW MOUNTAINS   F 6

Der höchste Berg dieser Landschaft, der Wicklow Mountains südlich von Dublin, ist der Lugnaquilla mit seinen 924 m. Vom Dörfchen Laragh – in dessen Nähe liegt Glendalough – führt eine Stichstraße in Richtung Wicklow Gap, einem wilden, oft windumtosten und nebelverhangenen Pass zwischen

Mystische Klostersiedlung

Auch im Regen sieht der Rundturm von Glendalough beeindruckend aus. Wenn dann aber ein breiter Sonnenstrahl auf die alte Klosterstadt fällt, die grauen Mauern und die vielen Schattierungen des Grüns der Landschaft erstrahlen, dann wird einem klar, warum sich der hl. Kevin einst hier in den Wicklow Mountains niedergelassen hat. Ein kleiner Wasserfall springt über die moosbewachsenen Felsen und dahinter führen einsame Wanderwege mitten in den Nationalpark der Wicklow Mountains. (▶ S. 13).

dem Mount Tonelagee (816 m) und dem Table Mountain (700 m). Fast noch spektakulärer ist die Landschaft rund um den Sally Gap über dem dunklen Lough Tay. Für Weitwanderer gibt es den 40 km lange Wicklow Way (▶ S. 49) zwischen Glendalough und Augrim.

Wanderwege im Glendalough Valley: National Park Information Point am Upper Lake von Glendalough oder www.wicklowmountainsnationalpark.ie 51 km südl von Dublin

SEHENSWERT
Glendalough

Das irische Gleann dá Loch heißt auf deutsch: Tal der zwei Seen. Zwei Seen sind umrahmt von einer imposanten Berglandschaft mit Felsen und dichten Wäldern. Der hl. Kevin zog sich 498 hier zurück und lebte ähnlich wie viel später der hl. Franziskus in frommer Askese. Sein Lebensstil zog bald Schüler an, und eine Mönchsgemeinschaft begann, sich hier anzusiedeln. Bis ins 9. Jh. wurde sie eine der bedeutendsten Irlands. Im 17. Jh. verfiel das Kloster, aber bis heute treffen hier alljährlich am 3. Juni Pilger ein, um den St. Kevin's Day zu begehen. Sehenswert sind St. Kevin's Kitchen (eine wegen ihres Kamins so genannte Kirche), die Ruinen der Cathedral of Peter & Paul und der 1066 erbaute 33 m hohe Rundturm am Rande eines keltischen Friedhofs, der noch heute so imposant wirkt wie vor tausend Jahren.

An den Ufern des Upper Lake liegen die Ruine der Reefert Church und die Reste der Kevin's Cell, der Hütte des Heiligen. Auf der anderen Seite des Wassers kann man zehn Meter über

Die in verschiedenen Farben schimmernde Heidelandschaft in den Wicklow Mountains, die Höhen bis zu 900 m erreichen und zu reizvollen Wanderungen einladen (▶ S. 76).

dem Seespiegel St. Kevins Bed erkennen, eine künstliche Höhle, die ihm als Schlafstätte gedient hatte.

Glendalough Visitor Center | www. heritageireland.ie | März–Okt. 9.30–18, Nov.–März 9.30–17 Uhr. St. Kevin's Bus von Dublin nach Glendalough: www. glendaloughbus.com | Mo–Sa 11.30 u. 18, So 11.30– 19 Uhr | 13 € einfach, 20 € hin und retour, Rückfahrt um 7.15, 16.30, Juli, Aug. um 17.30 Uhr.

ÜBERNACHTEN

Brook Lodge & Wells Spa ▶ S. 24
Lough Dan House B&B ▶ S. 25

ESSEN UND TRINKEN

Ballyknocken House & Cookery School ▶ S. 27

Wicklow Heather Restaurant

Regionale Küche – Lamm, Hirschwurst und frische Forellen aus den Wicklow Mountains. Gepflegtes Restaurant nahe Glendalough.

Laragh, Main St | Tel. 0 40 44 51 57 | www.thewicklowheather.com | tgl. 12– 20.30 Uhr | €€

EINKAUFEN

Avoca Handweavers ▶ S. 40

IRLANDS SÜDEN:
CORK UND WEXFORD

*Sonne, Strand und Inseln. In der feuchten Wärme des Golfstromes
gedeiht eine üppige Pflanzenwelt. Im Süden Irlands mit
den Städten Cork, Waterford und Wexford herrscht ein ziemlich
anderes Klima als auf dem Rest der Insel – in jedem Sinne.*

Der Südosten ist einer der geschichtsträchtigsten Teile der Insel: Steinzeitliche und frühchristliche Monumente findet man hier ebenso wie Wi-
kingersiedlungen und die ersten Normannenburgen. Es ist auch der son-
nigste Teil Irlands, an dessen Stränden man sich im Sommer gar einen
Sonnenbrand holen kann – eine Seltenheit in Irland. Von Touristen wird
dieser Teil des Landes allerdings gerne etwas übersehen: Ihnen fehlen die
Rauheit des Westens, die kargen Landschaften. Grüne Wiesen, Flüsse
und sanfte Berge sorgen eher für ein sanftes Postkarten-Irland.
In dieser Region regnet es am wenigsten auf der ansonsten so feuchten
Insel, hier gibt es kilometerlange Strände, und auch der Golfstrom
tut sein Bestes und lässt einen Hauch von südlichem Feeling enstehen.

◄ Sanft und beinahe mediterran wirkt die Südwestküste Irlands, wie hier bei Eyeries.

Dabei ist der Südosten eine Region, die schon früh Fremde anzog: Wikinger und Normannen gingen hier zuerst an Land, um sich ihren Anteil am »üppigen Land« (so der Name Irlands in seiner keltischen Bedeutung) zu sichern. Waterford war vor Dublin die wichtigste Wikingerbastion der Insel, und auch Strongbow wählte den Süden als neue Heimat – er heiratete in Waterford. Auch die Familie des vielleicht neben Lincoln bekanntesten aller amerikanischen Präsidenten stammt ursprünglich von hier: Den Kennedys ist nahe New Ross im County Wexford sogar ein Museum gewidmet.

Die Countys Wexford und Waterford sollte man nicht links liegen lassen: Geschichtsträchtige Städte und Vogelparadiese findet man hier genauso wie freundliche, entgegenkommende Menschen, etwas aufgeräumter vielleicht als Bewohner des rauen Westens.

CORK UND DER SÜDWESTEN

Mediterran geht es auch im Südwesten weiter: Das County Cork gilt als das Feinschmeckerzentrum der Insel – die Restaurants von Kinsale und Cork zählen zu den besten des Landes. In Midleton wird dazu in der Destillerie von Jameson ein großer Teil des irischen Whiskeys gebrannt.

Das »rebel county« hat auch viel zur Geschichte Irlands beigetragen: Cork, die zweitgrößte Stadt Irlands, vor allem als freigeistiger und katholischer Gegenspieler zur britischen Staatsmacht, die in Dublin saß. Den Gegenpart zu Dublin prägt heute noch eine lebendige Kulturszene, die sich auch vor der in Dublin nicht verstecken muss.

Landschaftlich zählt der Südwesten mit zum Schönsten der Insel: Eine Golfpartie am Old Head bei Kinsale ist ebenso ein bleibendes Erlebnis wie ein Spaziergang über die Hängebrücke am Mizen Head – Irlands südwestlichstem Punkt – oder eine Tour rund um die Halbinsel Beara. Und wenn man wirklich alles mitnehmen will, dann sollte man den Blarney Stone auf den Zinnen von Blarney Castle küssen – denn der verleiht sprachliche Ausdruckskraft. Und die kann man gut brauchen, besonders in den Pubs dieses einzigartigen Teils des Landes.

CORK
🔷 C/D 9

120 000 Einwohner
Stadtplan ▶ S. 81

Man sagt, dass die Bewohner von Cork es vermessen fänden, würde man Cork als Paris Irlands bezeichnen: In Wirklichkeit sei Paris das Cork Frankreichs (!) Dieser Spruch sagt schon einiges über den Patriotismus der Bewohner von Cork aus, das seit jeher einen Gegenpol zu Dublin bildet. Die zweitgrößte Stadt Irlands hat aber auch eine gewisse Ähnlichkeit mit der französischen Hauptstadt. Zahlreiche Kanäle durchziehen die Stadt, die neben zahlreichen Kirchen auch ein Opernhaus und eine Universität besitzt. Eine gewisse südliche Ader wird auch ihren Bewohnern nachgesagt: Sie seien heißblütig, schlagfertig und geistreich.

Die Stadt wurde im 6. und 7. Jh. am Südufer des Flusses Lee vom hl. Finbar gegründet und war in den folgenden Jahrhunderten immer wieder Ziel von Plünderungen durch die Wikinger. Im 10. Jh. errichteten diese eine Handelsniederlassung, die hier bis zur Ankunft der Normannen bestand. Mit der Unterdrückung des katholischen Irlands verlor auch Cork an Bedeutung, blieb aber immer – im Gegensatz zu Dublin – ein Zentrum der katholischen Kultur. Die Ausfuhr von Butter und die Glasherstellung sorgten im 18. Jh. für wirtschaftlichen Aufschwung, dem die Stadt ihr heutiges, nahezu mondänes Erscheinungsbild verdankt. Bis heute ist Cork ein wichtiger Handelshafen, aber auch eine Stadt mit viel Flair: Bei einem Stadtbummel kann man an den Kanäle entlangschlendern, in einem der vielen Pubs einkehren oder im ehemaligen und heute sehr angesagten Arbeiterviertel Shandon auf dem Hügel im Norden in einer der kleinen Galerien neue Kunst bewundern oder in einem stylischen Café verschnaufen.

SEHENSWERTES

Cork City Gaol
▶ S. 81, nördl. d 1

Bis 1923 ein berüchtigtes Gefängnis. In den Zellen ahnt man, wie hart das Leben einst für die Gefangenen war, die oft nur eingekerkert waren, weil sie ein Stück Brot gestohlen hatten.

Convent Avenue, Sunday's Well | www.corkcitygaol.com | März–Okt. tgl. 9.30–17, Nov.–Feb. 10–16 Uhr | Eintritt 8 €, Kinder 5 €

❶ St. Fin Barre's Cathedral

Von außen erinnert die protestantische Kathedrale aus dem 19. Jh. mit ihren Gargoyles an französische Gotik, im Inneren sollte man auf die die herrlichen Bodenmosaike achten.

Bishop St. | www.cathedral.cork.anglican.org | Mo–Sa 9.30–17.30, So 12.30–17 Uhr | Eintritt 5 €, Kinder 3 €

MUSEEN UND GALERIEN

❷ Crawford Municipial Art Gallery

Feine Skulpturensammlung mit Statuen, die King George IV. einst vom Papst geschenkt wurden. Dazu eine kleine Sammlung irischer Malerei mit Werken u. a. von J. B. Yeats.

Emmet Place | www.crawfordartgallery.ie | Mo–Sa 10–17, Do 10–20 Uhr | Eintritt frei

Lewis Glucksman Gallery
▶ S. 81, westl. a 3

Auf dem Campus des University College Cork zeigt die 2004 eröffnete Galerie zeitgenössische Malerei.

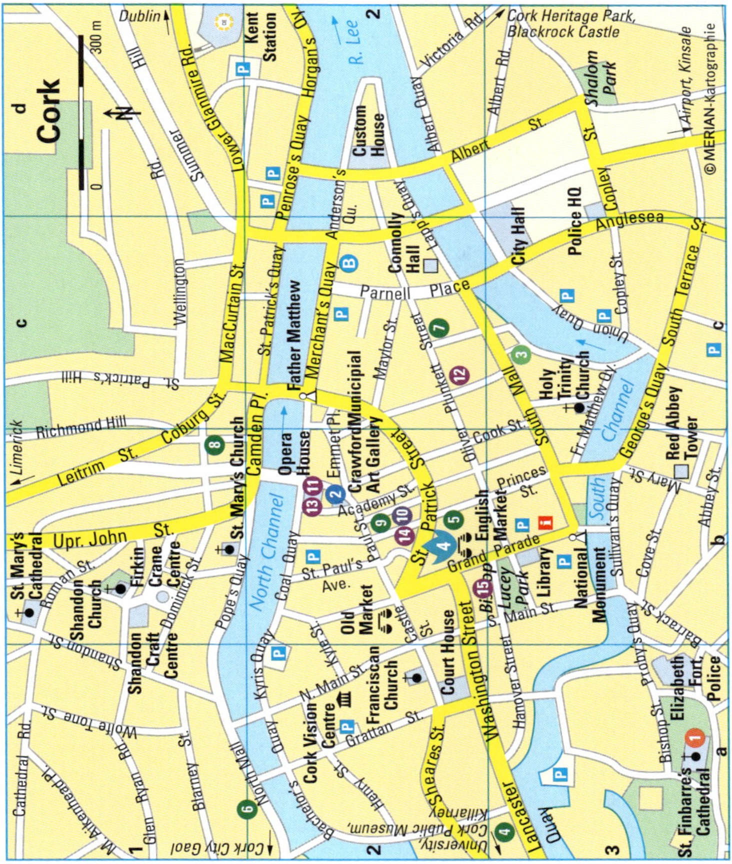

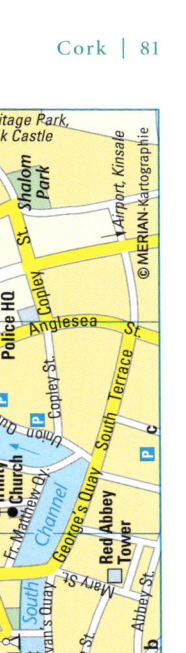

Cork

University City College | www.glucks man.org | Di–Sa 10–17, So 12–17 Uhr | Eintritt frei, Spende von 5 € erbeten

ÜBERNACHTEN

Garnish House ▶ S. 81, westl. a 3

Liebevolle Betreuung – Umfangreiches Frühstück, das man auf der Terrasse im Garten genießen kann. Probieren Sie das frischgemachte Porridge!

Western Rd | Tel. 02 14 27 51 11 | www.garnish.ie | 14 Zimmer | €€

Imperial Hotel

③ Traditionell – Hotel-Klassiker, in dem schon Charles Dickens übernachtete. Allerdings konnte er sich noch nicht im heutigen Aveda-Spa erholen. South Mall | Tel. 02 14 27 40 40 | www. flynnhotels.com | 130 Zimmer | €€

ESSEN UND TRINKEN

④ Café Paradiso

No Beef – Eine Freude für Vegetarier und Veganer. Das Restaurant gilt als eines der besten der Stadt: ausgefallene Gerichte mit Tofu, Soba Nudeln und viel frischen Zutaten zubereitet. Unbedingt reservieren!

16 Lancaster Quay | Tel. 02 14 27 79 39 | www.cafeparadiso.ie | Mo–Sa 17.30–22.30, Sa 12–14.30 Uhr | €€

⑤ Farmgate Café

Über dem Markt – Auf der Balustrade im English Market blickt man hinunter auf die Stände der Händler unterhalb, wo frischer Fisch, Lammfleisch oder Brötchen verkauft werden. Im Café gibt's Frühstück und Nachmittagskaffee, aber auch manche Köstlichkeit wie Austern, Seafood Chowder oder Irish Stew, alles mit Grundprodukten vom Markt unterhalb.

English Market | Tel. 02 14 27 81 34 | www.farmgate.ie | Mo–Fr 8.30–16.30, Sa 8.30–17 Uhr | €–€€

⑥ Franciscan Well Brewery

Eigenes Bier – Nachdem Heineken die lokalen Brauerereien Beamish und Murphy's gekauft hat, wird die Flagge des irischen Biers aus Cork von dieser kleinen Wirtshausbrauerei hochgehalten. Probieren Sie in diesem Pub ein Pint eines der Hausbiere – am besten im eigenen Biergarten.

14 North Mall | Tel. 02 14 39 34 34 | www.franciscanwellbrewery.com | Mo–Do 15–23.30, Fr, Sa 15–0.30, So 15–23 Uhr | €

⑦ Market Lane

Zuverlässig – Hervorragende Steaks und Pies, alles frischest zubereitet mit saisonalen Zutaten. Gutes und günstiges Lunch-Menü und gesundes Kindermenü.

5 Oliver Plunkett St | Tel. 02 14 27 47 10 | www.marketlane.ie | Mo–Do ab 12 Uhr, Fr, Sa 12–22.30, So 13–21 Uhr | €€

⑧ Sin É

Livemusik – Beliebtes Pub der Einheimischen, Sie kommen besonders wegen der Trad Music Sessions, die fast täglich stattfinden.

8 Coburg St | Tel. 02 14 50 22 66 | trad. Pub-Öffnungszeiten | €

⑨ Strasbourg Goose

French Classic – Exzellentes Restaurant mitten im Huguenot Quarter – wie der Name schon sagt: französische Küche, wie sie sein soll. Reservieren!

17–18 French Church St | Tel. 02 14 27 95 34 | €€€

EINKAUFEN

Blarney Woollen Mills ▶ S. 41

⑩ O'Connail

Selbst gemachte Pralinés und Schokolade, aber auch eine hervorragende heiße Trinkschokolade wird hier serviert.

16B French Church St | Tel. 02 14 37 34 07

KULTUR UND UNTERHALTUNG

⑪ Cork Opera House

Nicht nur Oper und Theater, auch Rockkonzerte finden hier statt.

Emmet Place | www.corkoperahouse.ie | Programm unter Tel. 02 14 27 00 22

⑫ Crane Lane Theatre

Livemusik, DJs und ein schöner Biergarten.

Phoenix St | www.cranelanetheatre.ie |

Tel. 02 14 27 84 87 | Öffnungszeiten auf Anfrage

Genüsse auf dem English Market

Der Duft von frisch gebackenen Buns und Scones vermischt sich mit den Aromen von Irish Stew, Kaffee und frischem Obst. Verkaufsstände, beladen mit glitzernden Goldbrassen, Muscheln und Tintenfischen. Alles was das Herz – oder der Leib – begehrt (▶ S. 13).

13 Half Moon Theatre

Einer der besten Plätze für Comedy und Musik, auf der Rückseite der Oper.
Emmet Place | www.halfmoontheatre. ie | Programm unter Tel. 02 14 27 00 22

14 Pavilion

Ein ausgewogener Mix aus Jazz, Blues oder Rock wird in diesem Lokal serviert.
13 Carey's Lane | www.paviliocork. com | Tel. 02 14 27 62 30 | tgl. ab Mittag geöffnet

15 Triskel Arts Centre

Livemusik, aber auch Theater, Kunst und ein gutes Café.
Tobin St. | www.triskelart.com | Programm unter Tel. 02 14 72 20 22

Ziele in der Umgebung

◎ ARDMORE D 9
450 Einwohner

Der fast 30 m hohe Rundturm in dem Urlaubsort an der Küste ist einer der am besten erhaltenen seiner Art auf den britischen Inseln. Er gehört zum

Einmalig, die Mischung von Genuss und Betriebsamkeit im Farmgate Cafè, von dem man auf das quirlige Treiben an den Ständen des English Market schaut. (▶ S. 82).

zerstörten St. Declan's Kloster aus dem 5. Jh. Neben dem Turm die Ruine der Kirche mit romanischen Reliefs. Zwei Ogham Steine im Inneren sind ebenso sehenswert wie Reliefs an den Außenwänden, unter anderem mit einer Darstellung vom Erzengel Michael, wie er Seelen wiegt. An den Heiligen erinnern auch St. Declan's Holy Well, ein großer Felsen am Strand, auf dem ihm einst seine Gebetsglocke aus Wales nachgeschwommen sein soll, als er sie vergessen hatte.

Einige versteckte Strände in der Umgebung laden zum Baden ein, wie der Ballyquin Beach rund einen Kilometer nordöstlich der Stadt

61 km östl. von Cork

◎ **BANTRY**   🔷 B 9

3300 Einwohner

Zwischen den Halbinseln Mizen Head und Beara, in der Hafenstadt Bantry, der am weitesten von Dublin entfernten Stadt Irlands, lädt Bantry House, das der Earl of Bantry von Richard White Mitte des 18. Jh. erbauen ließ, und ein traumhaft schöner Park, zu einem Besuch ein.

83 km südwestl. von Cork

◎ **BLARNEY CASTLE**   🔷 C 9

Blarney Castle ist ein Turm aus dem 15. Jh. Über eine Wendeltreppe erreicht man die Zinnen, in denen der Blarney Stone eingelassen ist. Wer den Stein auf dem Rücken liegend küsst, erlangt Beredsamkeit, heißt es. Und Unzählige Touristen probieren das gerne aus.

Seine Bedeutung verdankt der Stein einer Legende: Der Burgherr MacCarthy sollte seine Besitztümer der englischen

Königin Elisabeth übergeben und sie dann wieder als Lehen zurückerhalten haben, er redete aber so lange auf die Königin ein, bis sie mit dem Ruf »Oh, Blarney« entnervt aufgab. Ob man an die Wirkung des Steins glaubt oder nicht, der Ausblick von den Burgzinnen ist den Aufstieg wert – und der Anblick auf die steinküssenden Mitbesucher.

Blarney | www.blarneycastle.ie | Juni–Aug. Mo–Sa 9–19, So 9–17.30, Mai u. Sept.

Ein Herrenhaus mit romantischem Garten und atemberaubendem Ausblick   5

Nach einer Nacht in einem der Handvoll Gästezimmern, einem Frühstück mit selbst gemachten Scones und Tee ein Blick über das Anwesen: Palmen, farbenprächtige Blumen, eine Treppe, die sich über viele Stufen nach oben windet, und natürlich das Herrenhaus, in dem man ein Paar in viktorianischen Kostümen vermuten könnte. Der Blick schweift auf die weite Bantry Bay, die Segelschiffe, die das Wasser durchziehen. Bantry House ist vielleicht eines der schönsten Herrenhäuser Irlands – aber doch nur eines von vielen, die in einer einzigartigen und, im wahrsten Sinne des Wortes, bezaubernden Landschaft errichtet wurden.

🕐 In den Sommermonaten kann man in Bantry House in acht Zimmern des Ostflügels übernachten. Hausgemachte Scones werden zum Tee serviert, Billardraum und Bibliothek kann man benutzen (▸ S. 13)

Mo–Sa 9–18.30, So 9–17.30, Okt.-Apr. Mo–Sa 9–17.30 Uhr, So 9 Uhr bis Sonnenuntergang | Eintritt 12 €, Kinder 5 €
9 km nordwestl. von Cork

CLEAR ISLAND UND SHERKIN ISLAND C 9

Zwei Inseln in der Roaring Water Bay, die man vom Hafen Baltimore aus mit dem Schiff erreicht. Cape Clear auf Clear Island ist – abgesehen von einem Felsen mit einem Leuchtturm – der südlichste Punkt Irlands. Sehenswert ist das Cape Clear Bird Observatory, von dem aus man seltene Vogelarten beobachten kann. Viele Zugvögel machen hier Zwischenstation. Ein paar B&Bs und drei Pubs findet man ebenfalls auf der 5 km langen und 1,5 km breiten Insel (die Fähre von Baltimore benötigt 45 Minuten auf die Insel, Infos unter www.capeclearferry.com).
110 km südwestl. von Cork

CLONAKILTY C 9
4150 Einwohner

In Clonakilty befindet sich das Clonakilty Museum, das an den Freiheitskämpfer und Politiker Michael Collins erinnert, der hier geboren wurde. Über einen Damm erreicht man ganz in der Nähe die Insel Inchydoney mit ihrem Badestrand – aber das Wasser erreicht auch im Sommer kaum 20 Grad.
51 km südwestl. von Cork

ÜBERNACHTEN
Inchydoney Island Lodge ▶ S. 24

COBH D 9
1 23 50 Einwohner

Der ehemalige britische Flottenstützpunkt erlangte in der Zeit zwischen 1848 und 1950 große Bedeutung: Mehr als zweieinhalb Millionen Iren verließen das Land von diesem Hafen aus. Die meisten davon auf den berüchtigten Coffin ships – schwimmenden Särgen – in Richtung Amerika. Auch die Titanic machte auf ihrer letzten Reise 1912 in Cobh Station.

Vom Turm der St. Coleman's Cathedral, einem Bau im neogotischen Stil, hat man einen schönen Blicks auf den Hafen und die vorgelagerten Inseln. Ihre 47 Glocken erschallen regelmäßig über Stadt und Bucht.

Im Cobh Heritage Centre erfahren Sie in einer mitreißenden audiovisuellen Show einiges über die Geschichte der Stadt, die Zeit der Hungersnot und den Untergang der Lusitania. Die Opfer der Torpedierung des Passagierschiffes 1915 liegen auf dem Friedhof von Cobh begraben.
Cobh | www.cobheritage.com | Mai-Okt. tgl. 9.30–18, Nov.–Apr. tgl. 9.30–17 Uhr | Eintritt 9 €, Kinder 5 €
23 km südöstl. von Cork

DROMBEG STONE CIRCLE C 10

An der R 597 zwischen Rosscarbery und Glandore steht dieser 2500 Jahre alte Steinkreis mit neun Metern Durchmesser, gebildet aus 17 eng aneinander stehenden Steinen, der eine Besonderheit aufweist, die an Newgrange (▶ MERIAN TopTen, S. 74) erinnert: Nur am 21. Dezember fallen die Sonnenstrahlen durch einen Einschnitt in den fernen Bergen auf einen ganz bestimmten Stein im Steinkreis. Hinter den Steinen sind die Reste einer Hütte und einer Kochstelle aus der Eisenzeit zu sehen.
70 km südwestl. von Cork

◎ FOTA ISLAND 👥   D 9

Östlich der Bucht von Cork liegen die Inseln Little Island, Fota Island und Great Island. Auf Fota Island gibt es den Fota Wildlife Park, in dem zum Teil exotische Tierarten gehalten werden. Man kann mit einem kleinen Zug durch das Gelände fahren oder auch den zwei Kilometer langen Rundweg zu Fuß gehen. Gleich neben dem Park liegt das Fota Arboretum, ein Garten mit exotischen Gehölzen.

Fota Wildlife Park: Carrigtwohill │ www.fotawildlife.ie │ Mo–Sa 10–16.30, So 10.30–16.30 Uhr

17 km östl. von Cork

ESSEN UND TRINKEN

The Sage

Regional – Die Zutaten in der Küche dieses hellen, minimalistischen Restaurants stammen großteils aus einem Umkreis von 12 Meilen: Bilder der Fischer und der bäuerlichen Lieferanten hängen an den Wänden, aufgekocht wird mit saisonalen Produkten und kreativer Note.

🕐 Essen in derselben Qualität und aus derselben Küche bekommt man auch im Greenroom, dem Pub nebenan

Midleton, Main St │ Tel. 02 14 63 96 82 │ www.sagerestaurant.ie │ Di–Do 12–15, 17.30–21, Fr–Sa 12–15, 17.30–21.30, So 12–15.30, 16–20.30 Uhr │ €€

◎ GOUGANE BARRA FOREST PARK 👥   B 9

Im Hinterland von Bantry liegt in den Shehy Mountains der Gougane Barra Nationalpark, der seinen Namen vom gleichnamigen See hat. Auf einer Insel inmitten des Gewässers hat sich im 7. Jh. der hl. Finbar niedergelassen.

Ihm ist eine kleine Kirche gewidmet. Infos unter www.gouganebarra.com

68 km westl. von Cork

◎ KINSALE ③   C 9

4100 Einwohner

Kinsale liegt an der fjordähnlichen Mündung des River Bandon in die keltische See und war ursprünglich ein kleines Fischerdorf, das sich aber zu einem exklusiven Ferienort entwickelt hat. Dabei zeigt sich Kinsale mit dem lebensfrohen Charme einer traditionellen irischen Kleinstadt. Besonders für Gourmets hat es eine unwiderstehliche Anziehungskraft. Kinsale gilt überhaupt als Feinschmeckerhauptstadt Irlands. Im Oktober findet ein Gourmetfestival, eine Hommage an die Gaumenfreuden der Region statt (▶ S. 53). Man kann aber auch einfach durch die Gassen spazieren und die St. Multose Church aus dem 12. Jh. oder das Desmond Castle aus dem 16. Jh. besuchen. Hier fühlen sich Touristen, Iren wie auch Ausländer, wohl. Im Hafen ankern schmucke Yachten, und ganz in der Nähe befindet befindet sich auch einer der schönsten Golfplätze Irlands (▶ S. 44).

28 km südl. von Cork

SEHENSWERTES

Charles Fort 👥

Charles Fort, eine der besterhaltenen Festungen Europas aus dem 17. Jh., liegt im Südosten der Stadt. Die englischen Besatzer hatten die sternförmige Anlage am Ort einer früheren anglonormannischen Burg errichtet.

Charles Fort │ www.heritageireland.ie │ Nov.–Mitte März 10–17, Mitte März–Okt. 10–18 Uhr │ Eintritt 4 €, Kinder 2 €

Kinsale, das charmante lebensfrohe Küstenstädtchen gilt mit seinen ausgezeichneten Lokalen als »Gourmet-Hauptstadt« Irlands (▶ MERIAN TopTen S. 86).

Desmond Castle

Ein bewehrtes Haus aus dem 16. Jh. im Stadtzentrum, das auch als Gefängnis diente. Heute ist hier ein kleines Weinmuseum untergebracht, in dem man u. a. erfährt, dass die Cognac-Familie Hennessy einst von Irland nach Frankreich ausgewandert ist.

Cork St. | www.heritageireland.ie | Ostern – Sept. tgl. 10–18 Uhr | Eintritt 3 €, Kinder 1 €

Old Head

Westlich von Kinsale, jenseits des River Bandon, wurde 1997 auf einer Halb-insel dieser Golfplatz, einer der schönsten in Irland, angelegt.

MUSEEN UND GALERIEN

Kinsale Regional Museum

Das Museum ist auf dem zentralen Marktplatz im Old Courthouse untergebracht. Hier wird das Schicksal der Lusitania erzählt, die 1915 vor der Küste von Kinsale von einem deutschen U-Boot torpediert wurde und sank. 1198 Menschen starben.

Market Square | Tel. 02 14 77 48 55 | Mi–Sa 10–17, So 14–17 Uhr | Preise auf Anfrage

ÜBERNACHTEN

Pier House

Zentrumsnah – Guesthouse mit eigenem Garten, komfortable, moderne Zimmer, Badezimmer in schwarzem Marmor: idealer Ausgangspunkt für eine schöne Night-Out im quirligen Kinsale.

Pier Rd | Tel. 02 14 77 41 69 | www.pier housekinsale.com | 11 Zimmer | €€

ESSEN UND TRINKEN

Bulman Bar

Hafenkneipe – Im Hafen von Summercove isst man wohl die beste Fischsuppe Irlands und das in ganz relaxter Atmosphäre in der gemütlichen Bar. Hier gibt es auch Livemusik. Im angeschlossenen Restaurant Toddies geht's eleganter zu, die Fischküche ist exzellent.

Summercove | Tel. 02 14 77 21 31 | www. thebulman.ie | Bar: tgl. 12.30–22 Uhr; Restaurant: tgl. 18–22 Uhr | €€

Fishy Fishy Café ▶ S. 28

Jim Edwards

Lockere Atmosphäre – Mit Meeresgetier aus den Gewässern vor Kinsale werden die delikatesten Gerichte gezaubert. Hervorragend das Restaurant, kaum weniger gut – aber dafür günstiger – die Meals in der Bar nebenan.

Market Quay | Tel. 02 14 77 25 41 | www. jimedwardskinsale.com | Bar: tgl. 12.30–22, Restaurant: tgl. 18–22 Uhr | €€–€€€

The Spaniard Bar

Locker – Uriges Pub mit hervorragender Küche, knapp 15 Gehminuten von der Bucht von Scilly.

Ausblick von Healy Pass, der die Nord- und die Südseite der Halbinsel Beara verbindet, auf den Glanmore Lake und den Kenmare River (▶ S. 89).

Scilly | Tel. 02 14 77 24 36 | www.the
spaniard.ie | €

EINKAUFEN

Kinsale Crystal

Kunstvolles Kristallglas wird hier in
klassischer Waterford-Tradition produziert und verkauft.
Market St | www.kinsalecrystal.ie

MIZEN HEAD B 10

Hier fallen die Felsen fast senkrecht ins
Meer ab, am beeindruckendsten erlebt
man diese Naturgewalt bei einem Spaziergang über die moderne Hängebrücke zum Leuchtturm. Die 2009 erbaute
Signal Station ist zu besichtigen.
Mizen Head | www.mizenhead.ie |
März, April, Mai, Sept. Okt. tgl. 10.30–17,
Juni–Aug. tgl. 10–18, Nov.–Feb. 11–16 Uhr |
Eintritt 6 €, Kinder 3,50 €
125 km westl. von Cork

RING OF BEARA B 9

Nordwestlich der Bantry Bay schiebt
sich die Halbinsel Beara knapp 50 km
ins Meer. Nach ihr ist die Panorama-
straße benannt, die auf etwa 140 km
an der Küste entlang um die Caha
und Slieve Miskish Mountains führt.
Hauptort der Halbinsel ist Castletownbere, ein reges Fischerdorf. In Eyeries
liegen die schönen Derreen Gardens.
Der Westzipfel der Beara Halbinsel ist
nur durch eine Meerenge von Dursey
Island getrennt. Die Besonderheit der
kleinen Insel ist das Transportmittel,
mit dem sie über den wilden Wassern
des Dursey Sound zu erreichen ist, mit
einer Seilbahn.
Mo–Sa 9–11, 2.30–17, 19–20, So 9–10, 13–
14.30, 19–19.30 Uhr | Ticket 4 €, Kinder 1 € |
Castletownbere, 122 km westl. von Cork

SCHULL B 10

700 Einwohner

Das Städtchen Schull ist idealer Ausgangsort für einen Ausflug zum Mizen
Head, dem südwestlichsten Punkt Irlands. Ganz in der Nähe, unterhalb des
407 m hohen Mount Gabriel, liegt Bar-
leycove, der schönste Strand in diesem
Teil der Insel. Ganz in der Nähe und
direkt an der Straße nach Mizen Head,
ist auch der Altar Rock, ein Megalith-
grab, zu finden.
104 km südwestl. von Cork

SKIBBEREEN B 10

2300 Einwohner

Die wichtigste Stadt von West-Cork ist
ein beliebtes Handelszentrum, in dem
Mitte September ein nettes Food-
Festival stattfindet (www.atasteofwest
cork.com). Mehr über die Geschichte
der Stadt, besonders zu Zeiten der großen Hungersnot, erfährt man im Skib-
bereen Heritage Centre.
Old Gasworks Building, Upper Bridge St |
www.skibbheritage.com | tgl. 10–
18 Uhr | Eintritt 6 €, Kinder 3 €
82 km südwestl.

ÜBERNACHTEN

Bridge House

Schmuckstück – Ein in ein Gesamt-
kunstwerk verwandeltes B&B, liebevoll
in Schuss gehalten von der Besitzerin,
Mona Best.
Bridge St | Tel. 02 82 12 73 | www.
bridgehouseskibbereen.com | 19 Zim-
mer | €

YOUGHAL D 9

6400 Einwohner

Hat man Moby Dick mit Gregory Peck
gesehen, dann kennt man Youghal.

Hier filmte John Huston die Szenen im Heimathafen von Käpt'n Ahab. Der Uhrturm aus dem Jahre 1776 diente ursprünglich als Gefängnis.

49 km östl. von Cork

ÜBERNACHTEN

Aherne's

Zimmer mit Meerblick – Hervorragender Fisch wird im Restaurant darunter serviert, von einigen der Zimmer im ersten Stock hat man einen herrlichen Blick auf den Atlantik.

163 North Main St | Tel. 02 49 24 24 | www.ahernes.net | 12 Zimmer | €€

WEXFORD 🛥 F 8

20 000 Einwohner

Wexford war einst eine Hafenstadt, der Slaney River hat allerdings die Bucht zunehmend versandet. Heute präsentiert sich die Hauptstadt der gleichnamigen Grafschaft etwas verschlafen im Vergleich zum trubeligeren Waterford. Obwohl Wexford von Cromwells Truppen zerstört wurde, findet man immer noch manche mittelalterliche Reste. Während des Opernfestivals (www.wexfordopera.com), des bedeutendsten in Irland, verwandelt sich die Stadt allerdings von einer schlafenden Prinzessin in eine prachtvolle Diva, voller Leben und Atmosphäre.

SEHENSWERTES

Bull Ring

Auf dem zentralen Platz zwischen Cornmarket, North Main und Common Quay Street wurden im Mittelalter Stierkämpfe veranstaltet. Heute erinnert hier die Statue eines Lonely Pikeman, eines einsamen Pikenträgers, an die irische Revolution von 1798.

Selskar Abbey/West Gate

Ruinen eines Klosters aus dem 12. Jh., in Sandstein erbaut. Henry II. tat hier Buße, nachdem er Thomas Beckett ermorden ließ. Bei der Eroberung der Stadt durch Cromwells Truppen wurde das Kloster schwer beschädigt. Gleich hinter der Abbey liegt das letzte der ehemals sechs Stadttore aus dem 14. Jh., das West Gate. Eine Multivisionsschau im West Gate Centre erzählt die Geschichte der Stadt.

St. Iberius Church

1760 im Stil der Neo-Renaissance erbaut, ist hier vor allem das georgianische Innere sehenswert.

North Main St | Mo–Sa 10–15 Uhr

ÜBERNACHTEN

Abbey B&B

Familienanschluss – Gemütliches kleines B&B mitten in der Stadt, gutes Irish Breakfast,

34–36 Abbey St | Tel. 05 39 12 44 08 | www.abbeyhouse.ie | 7 Zimmer | €

McMenamin's Townhouse

Flair – Viktorianisches Stadthaus mit Himmelbetten. Zum Frühstück werden hausgemachte Konfitüren gereicht.

6 Glena Terrace | Tel. 05 39 14 64 42 | www.wexford-bedandbreakfast.com | 4 Zimmer | €

Waterford Castle The Island ▶ S. 24

EINKAUFEN

Greenacres Food Hall

Hervorragende Käse- und Weinauswahl. Im angeschlossenen Restaurant kann man gleich testen, welcher Wein am besten zu den Gerichten passt.

7 Selskar Street | www.greenacres.ie |
Mo–Sa 9.30–18 Uhr

Ziele in der Umgebung

◎ CURRACLOE BEACH ⚓ F 8

Ein schöner Strand im Norden Wex-
fords, an der Straße nach Gorey: elf
Kilometer Dünenlandschaft, in der Ka-
nadagänse überwintern. Mehr darüber
erfährt man im Besucherzentrum des
Wexford Wildfowl Reserve.

County Hall, Spawell Rd | www.
wexfordwildfowlreserve.ie | tgl. 9–17 Uhr
11 km nordöstl. von Wexford

◎ DUNGARVAN ⚓ E 8

8000 Einwohner

Am Davitt's Quay kann man in der
Sonne sitzen und auf den Hafen blicken. Auch sonst verströmt das Städtchen an der Mündung des River Colli-
gan fast mediterranes Flair, wären da
nicht Klosterruinen und Pubs. Hier
findet alljährlich Mitte April das Waterford Festival of Food (www.water
fordfestivaloffood.com) mit Verkostungen, Kochpräsentationen und
einem großen Biergarten mit hand-
werklich gebrautem Bier statt.

103 km südwestl. von Wexford

SEHENSWERT

Dungarvan Castle

Beeindruckender normannischer Bau
aus dem 12. Jh., der die Flussmündung
vor Angriffen schützte. Im Visitor Centre in den ehemaligen britischen Unterkünften erfährt man mehr über die
Geschichte und die Zeit des Bürger-
kriegs.

Castle St | www.heritageireland.ie |
28. Mai–25. Sept 10–18 Uhr | Eintritt frei

Die Hafenstadt Dungarvan, heute das Verwaltungszentrum des Countys Waterford im
Südosten Irlands prägt ein lebensfrohes Flair (▶ S. 91).

ESSEN UND TRINKEN

Moorings

Waterford-Bier – Das lokal-gebraute Helvick Gold Blonde Ale kann man hier direkt genießen, dazu noch Blick aufs Meer. Gutes Pub Grub.

Davitt's Quay | Tel. 05 84 14 61 | trad. Pub-Öffnungszeiten | €€

Tannery

French Cuisine – Eines der besten Restaurants der Insel mit französisch angehauchter und doch sehr eigenständiger Küche. Starkoch Paul Flynn unterhält hier auch seine eigene Kochschule mit Kräuter- und Gemüsegarten. Kurse (ab 60 €) rechtzeitig buchen!

10 Quay St | Tel. 05 84 54 20 | www. tannery.ie | Di–Sa 17.30–21, Fr 12.30–14.30, So 12.30–16 Uhr; Weinbar: Di–So ab 17.30 Uhr | €€€€

◎ HOOK HEAD PENINSULA   🔖 F 8

An der Ostseite der Bucht von Waterford kann man entlang des Strandes wandern oder in einem der Pubs des Küstendorfes Ballyhack ein Pint trinken. Surfer tummeln sich hier ebenso wie Taucher. Oder man an genießt eine Fahrt auf dem Ring of Hook Coastal Drive, die an stillen Stränden und alten Burgruinen vorbeiführt. An der Südspitze der Halbinsel steht Irlands ältester diensthabender Leuchtturm. Und natürlich besucht man die romantischen Ruinen der einsamen Tintern Abbey, einer Zisterzienser-Abtei aus dem 13. Jh., eingebettet in eine Waldlandschaft.

Saltmills, New Ross | Tel. 0 51 56 20 34 | www.heritageireland.ie | Mai–Sept. 10–18 Uhr | Eintritt 3 €, Kinder 1 € 48 km südwestl. von Wexford

Der viktorianische Herrensitz Johnstown Castle mit seiner romantischen Parklandschaft beherbergt auch das irische Landwirtschaftsmuseum (▶ S. 93).

ESSEN UND TRINKEN

Templars Inn

Pub Grub mit Fisch – Pub und Restaurant mit einer herrlichen Terrasse, auf der man auf den Ozean blickt. Probieren sie den frischen Fisch!

Templetown | Tel. 0 51 39 71 62 | März–Okt. tgl. 12.30–20.30 Uhr | €€

◎ IRISH NATIONAL HERITAGE PARK 🦋 F 8

Die Geschichte Irlands von prähistorischer Zeit bis heute wurde hier nachgebaut: Zwischen jungsteinzeitlichen Farmen, Stone Circles, Wikingerschiffen und einem normannischen Schloss kann man spazieren und erhält von Guides in Kostümen die Geschichte Irlands erzählt.

Ferrycarrig | www.inhp.com | Mai-Aug. tgl. 9.30–18.30, Sept.–Apr. tgl. 9.30–17.30 Uhr | Eintritt 9 €, Kinder 4 €
6 km nordöstl. von Wexford

◎ JOHNSTOWN CASTLE GARDENS 🦋 F 8

Das Anwesen mit Schloss, ausgedehnten Parkanlagen mit über 20 ha und Wald gehörte den einst bedeutenden Familien Fitzgerald und Esmonde. Hier befindet sich auch das Irish Agricultural Museum: besonders für Traktorliebhaber eine Empfehlung.

Museum: www.irishagrimuseum.ie | April–Okt. Mo–Fr 9–17, Sa, So 11–16.30, Nov.–März Mo–Fr 9–16 Uhr | Eintritt für Gärten und Museum 8 €, Kinder 6 €
7 km südwestl. von Wexford

◎ NEW ROSS 🦋 F 8

8100 Einwohner

New Ross ist ein hübsches kleines Städtchen, in dem die Ruinen einer der größten Abteien Irlands, St. Mary's Abbey, gegründet im 13. Jh., zu besichtigen sind. Viele besuchen den Ort aber hauptsächlich wegen seines »schwimmenden Sargs«, der an den Quays vor Anker liegt. Das Dunbrody Famine Ship, ist ein Nachbau eines Coffin Ships, das in den Jahren der großen Hungersnot von 1847 bis 1849 Emigranten nach Kanada und in die USA brachte. Man erfährt einiges über »the Great Famine«, die Schiffe und das Schicksal der Auswanderer.

The Quay | www.dunbrody.com | tgl. 9–18 | Eintritt 8,50 €, Kinder 5 €
37 km westl. von Wexford

SEHENSWERTES

Kennedy Homestead 👫

Sind Sie an der Geschichte der bedeutendsten amerikanischen Politikerfamilie interessiert, dann stoßen sie etwa 6 km südlich von New Ross auf ihre irischen Wurzeln: Das Geburtshaus von Patrick Kennedy, dem Urgroßvater von John F. und Robert ist fast so erhalten, wie sie die amerikanischen Kennedys vor fast 170 Jahren verließen. In den Außengebäuden ist ein kleines Museum mit der Geschichte der Familie diesseits und jenseits des Atlantiks eingerichtet. Für Familienfreizeit steht der Park John F. Kennedy Arboretum, 2 km südöstlich, zur Verfügung: Man kann picknicken oder mit einem Miniaturzug durch den Park fahren.

Dunganstown | www.kennedyhomestead.com | April–Sept. tgl. 9.30–17.30, Okt.–März 10– 17 Uhr | Eintritt 7,50 €, Kinder 5 €; Arboretum: www.heritageireland.ie | tgl. Okt.–März 10–17, April 10–18.30, Mai–Aug. 10–20, Sept. 10–18.30 Uhr | Eintritt 3 €, Kinder 1 €

◎ WATERFORD

E 8

47 000 Einwohner

Die älteste Stadt Irlands mit ihrem geschäftigen Hafen liegt an der Mündung des River Suir. Gegründet wurde sie im 8. Jh. von den Wikingern, die sie Vadrafjord nannten. Hier existierten schon frühzeitig städtische Strukturen, und der Reginalds Tower – er wurde 1003 errichtet – ist Irlands ältestes bürgerliches Bauwerk. 1170 wurde die Stadt von den Normannen eingenommen, die eine Iren-Wikinger-Armee besiegten und 70 bekannte Bürger vom Baginbun Head in den Tod warfen. Mehrfach hielt die einst mächtigste Stadt Irlands Belagerungen stand – unter anderem auch Cromwells Truppen 1649. Ein Jahr später musste sich Waterford aber den Engländern ergeben.

Das mittelalterliche Stadtzentrum ist noch weitgehend erhalten. Die einstige Wikingersiedlung, lag zwischen The Mall und dem Ufer des River Suir. An der Mall, der Prachtstraße aus dem 18. Jh., stehen repräsentative Gebäude, so die City Hall von 1788 und das schöne Theatre Royal. Lange war Waterford wegen seiner Kristallproduktion bekannt. Zehn besonders kunstvolle Leuchter aus Kristall sind in der Holy Trinity Cathedral zu sehen. In der Krise 2009 sperrte der Betrieb allerdings zu, die Marke wurde von einer Investmentfirma übernommen.

60 km westl. von Wexford

SEHENSWERTES

Bishop's Palace

Goldene Wikingerbroschen und normannische Artefakte sieht man in der interaktiven Schau im frisch renovierten Bischofspalast.

The Mall | www.waterfordtreasures. com | Juni–Aug. tgl. 9–18, So 11–18, Sept.–Mai Mo–Sa 10–17, So 11–17 Uhr | Eintritt 7 €, Kinder 6 €

Christ Church Cathedral

Im 18. Jh. an der Stelle einer Wikingerkirche erbaut: Hier heiratete Strongbow 1170 die Tochter von Dermot McMurrogh, Aiofe. In der neoklassizistischen Kathedrale befindet sich das Grab von James Rice, dem Lordmayor der Stadt im 15. Jh., ein schonungsloses Memento mori.

Cathedral Square | www.waterford-cathedral.com | Mo–Fr 10–18, Sa 10–16 Uhr

Reginald's Tower

Ein Teil der Stadtbefestigung aus dem 12. Jh. ist das älteste noch original erhaltene Gebäude Irlands. Der Turm wurde als Waffenkammer, Gefängnis und Münze genutzt. Heute ist er ein Museum, in dem man vor allem etwas über das Münzwesen erfährt.

The Quay | www.heritageireland.ie | Jan.–März Mi–So 9.30–17, April–Dez. tgl. 9.30–17.30 Uhr | Eintritt 3 €, Kinder 1 €

ESSEN UND TRINKEN

L'Atmosphere

Crossover – Delikate französische Küche mit irischem Touch. Unbedingt reservieren!

19 Henrietta St | Tel. 0 51 85 84 26 | www.restaurant-latmosphere.com | Mo–Fr 12.30–14.30, 17.30–23, Sa, So 17.30–23 Uhr | €€€

Munster Bar

Bar Meal – Im oberen Stock eines Pubs aus dem Jahre 1822 werden saftige

Waterford wurde von den Wickingern gegründet und ist eine der ältesten Städte Irlands. Heute verbinden sich in der Hafenstadt Tradition und Moderne (▶ S. 94).

Gourmetburger, Fisch, Pasta und Steaks serviert.

Bailey's New St | Tel. 0 51 87 46 56 | www.themunsterbar.com | trad. Pub-Öffnungszeiten | €

Henry Downes Bar

Eigener Whiskey – Hier wird seit 1798 eigener Whiskey verschnitten. Zehn Sorten sind es heute, am populärsten ist der Downes No 9 Irish Whiskey. Trinken Sie ein Dram und/oder nehmen Sie eine Flasche mit!

Thomas St | Tel. 0 51 87 41 18 | tgl. ab 17 Uhr | €

EINKAUFEN

House of Waterford Crystal ▶ S. 39

Saturday Market

Backwaren, Biogemüse und sonst noch allerlei Köstlichkeiten findet man hier.

John Roberts Square | Sa 10–16 Uhr

Sean Egan Art Glass

Will man Kristallglas kaufen, das noch heute in alter Tradition in Waterford designed und geblasen wird, dann wird man hier fündig.

Kite Design Studio, Henrietta St | www.seaneganartglass.com

DIE MITTE IRLANDS

*Im Herzen Irlands findet man seine Mitte. Dem Fließen des Shannon,
der das beschauliche Land durchströmt, passen wir unser
Tempo an. Reisen mit dem Kabienenboot, mit dem Pferdewagen oder
per Fahrrad werden zu unvergesslichen Erlebnissen.*

Manch einer fährt voller Vorfreude auf alles Sehenswerte im Westen ge-
dankenlos durch die Landschaft, achtet kaum auf ausgedehnte Weiden,
Flüsse und auf alte, aus Trockensteinen gebaute Zäune. Doch findet man
in Irlands Mitte immer wieder Überraschendes: seien es verfallene Kirchenruinen, Pubs, wie aus einer anderen Zeit, ausgedehnte Seen. Es sind
aber vor allem freundliche Menschen, die einem begegnen. Das vielleicht
unbekannteste Irland findet man hier.

Wasser durchzieht die Countys Laois, Offaly, Westmeath, Longford und
Roscommon: vor allem der Shannon, mit 330 km der längste Fluss
der Britischen Inseln, aber ebenso der Royal und der Grand Canal, die
Dublin mit den Wasserwegen des Westens und schließlich dem Atlantik
verbinden. Die künstlichen Kanäle waren allerdings schon veraltet, als sie
im 19. Jh. erbaut wurden, und sie wären wohl längst trockengelegt und zu

◀ Am Shannon, Irlands längstem Fluss
(▶ MERIAN TopTen, S. 100).

Das neue
Nordirland

Der Westen

Die Mitte
Irlands   Dublin und
der Südosten

Irlands Süden

Müllkippen deklassiert, hätten sie nicht eine neue Bestimmung gefunden: Unzählige Freizeitkapitäne nutzen sie für Hausbootfahrten quer durch Irland. Wobei der Shannon und seine Seen immer noch das Eldorado für Freizeitschiffer sind: Selbst von den Schleusen, an denen oft Dutzende Boote auf den Durchlass warten, ist es nicht weit bis ins nächste Pub.

STILLE LANDSCHAFTEN, ZEUGEN DES MITTELALTERS

Die Countys im Süden, Carlow, Kildare, Kilkenny und Tipperary, zählen zu den vielfältigsten Teilen der Insel: Wanderungen in den Ausläufern der Blackstone Mountains, ein Besuch in der Heimat der weltbekannten irischen Rennpferde und des Nationalgestüts in Kildare oder Spaziergänge in einigen der schönsten Schlossgärten des Landes gehören ebenso dazu wie eine Besichtigung der mittelalterlichen Stadt Kilkenny, des Rock of Cashel oder von Birr Castle, die allesamt auf eine lange Geschichte zurückblicken. Aber dieser Teil ist auch reich an landschaftlichen Schönheiten wie die Flusstäler von Nore und Barrow oder der Glen of Aherlow. Und immer wieder findet man hier ein verwunschenes Lokal, das zur Hälfte Pub, zur Hälfte Gemischtwarenladen ist, ein Restaurant mit kreativ-regionaler Küche oder einen Bauern, der Gemüse oder Apfelsaft nachhaltig produziert, seine Schafe oder Kühe nach biologischen Kriterien hält.

ATHLONE 🏴 D5
14 000 Einwohner

Athlone, eine Stadt im Herzen Irlands, liegt am Südufer des Loug Ree. Auf der westlichen Seite der Shannon-Brücke steht das normannische Athlone Castle aus dem 13. Jh. Hier stellten sich die Iren 1690 den Truppen Oliver Cromwells entgegen, was Sie im neu gestalteten Stadtmuseum nacherleben können.

Athlone ist ein wichtiger Hafen für die Freizeitskipper des Shannon.
Castle St | www.athloneartandheritage.ie | Di–Sa 11–17, So 12–17 Uhr | Eintritt 8 €, Kinder 4 €

ESSEN UND TRINKEN
Sean's Bar
Ältestes Pub – Nahe am Wasser gebaut, ist das Pub. Sein Boden ist auffal-

lend uneben, angeblich damit das Shannon-Hochwasser besser abfließen konnte. Doch wen stört das schon. Wenn im Kamin ein Feuer prasselt, das Bier fließt und zu Livemusik aufgespielt wird, ist die Stimmung großartig, solange man sich erinnert – in einem der ältesten Pubs des Landes, den es angeblich schon seit 900 n. Chr gibt.

Athlone, 13 Main St | www.seansbar. lightholderproductions.com | Öffnungszeiten auf Anfrage | €

Ziele in der Umgebung

◎ BELVEDERE HOUSE AND GARDENS　　🏖 E 5

Ein mondänes Jagdschloss aus dem 18. Jh. eingebettet in 65 ha Parklandschaft. Lord Belfield, der Besitzer, ließ einst seine Frau unter Hausarrest stellen, weil sie ihn angeblich mit seinem Bruder betrogen hatte. Mit einem anderen Bruder, der in Sichtweite baute, überwarf er sich ebenfalls, und das war angeblich der Grund für den Bau der Jealous Wall – einer künstlichen Ruine, die ihm die Sicht auf dessen Haus verstellen sollte.

Mullingar | www.belvedere-house.ie | Mai–Aug. 9.30-20, März, April, Sept, Okt. 9.30–19, Nov.–Feb. 9.30–16.30 Uhr | Eintritt 8 €, Kinder 4 €

55,5 km nordöstl. von Athlone

◎ BIRR　　🏖 D 6

4100 Einwohner

Das Städtchen Birr am Little Brosna River ist die Hauptstadt von County Offaly. Ihre Straßen sind von georgianischen Häusern gesäumt, besonders schöne Exemplare sind an der John's Mall zu sehen. Nahe der Stadt steht auch der steinzeitliche Seffin Stone,

von dem es heißt, er stelle den Mittelpunkt Irlands dar. Besonders lohnend ist der Besuch der Stadt während der Paraden des Birr Vintage Week and Arts Festival Mitte August. (www. birrvintageweek.com)

43 km südl. von Athlone

SEHENSWERTES

Birr Castle Demesne

Mehr als 1000 Pflanzenarten findet man im Garten von Birr Castle. In den einstigen Stallungen ist Ireland's Historic Science Centre untergebracht. Unter anderem ist dort eine Nachbildung des einst größten Teleskops der Welt zu sehen: Das 17 m lange Original war von 1845 bis 1908 in Betrieb und wird gerade restauriert. Das Schloss in seiner heutigen Gestalt stammt von 1620. Man kann es allerdings nur von außen ansehen – es ist in Privatbesitz.

Birr | www.birrcastle.com | Ende März–Okt. tgl. 9–18; Nov.–Mitte März 10–16 Uhr | Eintritt 9 €, Kinder 5 €

ESSEN UND TRINKEN

Thatch

Pub Grub – 200 Jahre altes Pub, 2 km außerhalb von Birr, in dem man hervorragende Gerichte der irischen Küche genießen kann.

Military Rd/Crinkill | www.thethatch crinkill.com | tgl. 9–23 Uhr | €€

◎ CLONMACNOISE 　　 D 6

An einer Biegung des Shannon liegt eines der größten Highlights Irlands, ein Pflichtbesuch bei jeder Irlandreise: Clonmacnoise, die schönste und wahrscheinlich auch bedeutendste Klosteranlage Irlands. Gegründet wurde sie im Jahre 545 n. Chr. durch den hl. Ciarán (auch: Kieran, der Jüngere, genannt) auf einem Hügel am Shannon. Bald nach dem Tode des Heiligen kamen Pilger, und Clonmacnoise blieb bis zum frühen Mittelalter eines der wichtigsten irischen Zentren für Bildung und Kunst. Von Plünderungen durch Wikinger und Normannen erholte sich das Kloster allerdings nie mehr richtig, den Gnadenstoß gaben ihm schließlich die Engländer 1552, als sie das Kloster plünderten. Aber bis heute pilgern alljährlich im September Tausende zum Fest des hl. Ciarán hierher.

Es ist immer wieder beeindruckend, wenn Clonmacnoise wie eine Vision hinter einer Biegung des Shannon auftaucht, ein majestätischer Rundturm, der 20 m hohe O'Rourkes Tower erscheint, und die Ruine der Kirche aufragt, in der der hl. Ciarán begraben ist.

Die romanische Kathedrale, dominiert die verfallene frühmittelalterliche Klostersiedlung. Im Besucherzentrum wird die Geschichte der Klosterstadt bildhaft erzählt. Zu sehen sind hier auch die Originale der drei bedeutenden Hochkreuze von Clonmacnoise: Das hohe Niveau der Steinmetzkunst im 10. Jh. zeigt vor allem das Cross of the Scriptures: Zwei der Figuren stellen den hl. Ciarán und König Diarmuid dar.

Wenn Sie in Clonmacnoise sind, besuchen Sie auch die Nun's Church östlich des Friedhofs, mit ihrem schönen romanischen Portal. Hier wurde 1170 die schöne Divurgilla begraben: König Dermot Mac Murrough hatte sie ihrem Gatten Tighernan O'Rourke geraubt. Im darauffolgenden Streit holte König Dermot den Normannen Strongbow

Am Ufer des Shannon erheben sich die Ruinen und Hochkreuze der einst mächtigen Klosterstadt Clonmachnoise (▶ MERIAN TopTen, S. 98).

Der Chef putzt sein Pub höchstpersönlich heraus. Schließlich steht Großes an: das Kilkenny Hurling Halbfinale (▶ S. 101).

ins Land – und damit begann die Geschichte der Engländer in Irland.

www.heritageireland.ie | Nov.–Mitte März 10–17.30; Ende März–Mai 10–18, Juni–Aug. 9–18.30; Sept.–Okt. tgl. 10–18 Uhr | Eintritt 6 €, Kinder 2 €
22 km südl. von Athlone

◎ LOUGH DERG (SHANNON)
 D 6/7

Der Lough Derg, einer der drei Seen des Shannon, liegt an dessen Unterlauf und breitet sich über rund 130 qkm aus. Rund um den See führt auf 90 km der Lough Derg Drive durch die idyllische Landschaft. Im See liegen mehrere unbewohnte Inseln. Die bekannteste ist Holy Island, auf der Ruinen einer Abtei, aus dem 7. Jh. und ein Rundturm stehen.

◎ NENAGH   D 7
8440 Einwohner

Die größte Stadt im County Tipperary. Sehenswert ist Nenagh Castle, ein wehrhafter Wohnturm. Im Nenagh Heritage Centre lässt einen das alte Gefängnis mit Zellen und dem Hinrichtungsraum erschaudern.

75 km südl. von Athlone

ROSCREA D 7

5400 Einwohner

Roscrea liegt auf halbem Weg zwischen Nenagh und Portlaoise und hat einiges, für das man einen Zwischenstop einlegen sollte. Hie finden sich noch Reste der St. Cronan's Abbey aus dem 12. Jh. Interessant das Damer House, ein Herrenhaus, aus dem frühen 18. Jh., das in einer verfallenen alten Normannenburg erbaut wurde. Auskunft im Roscrea Heritage Centre. (www.heritageireland.ie)

62 km südl. von Athlone

SHANNONBRIDGE D 6

221 Einwohner

Bei einer Tour nach Clonmacnoise ist auch eine Aufwartung in diesem kleinen Ort am Shannon zu empfehlen, der allein schon wegen der im Jahr 1757 erbauten Brücke sehenswert ist, eine der ältesten, noch heute benutzten Brücken Irlands.

Einige Kilometer flussabwärts liegt ein Kraftwerk, das mit Torf aus den Blackwater Bog Peatlands beheizt wird.

25 km südl. von Athlone

Der Weg ist das Ziel 6

Gemütlich tuckert das kleinen Boot auf dem Shannon. So gemächlich, dass einen sogar Radfahrer auf der Straße nebenan überholen. Aber wir haben keine Eile: bei einer Bootstour auf dem längsten Fluss Irlands, vorbei an Klosterruinen, kleinen Dörfern, Schafen und fruchtbaren Wiesen. So kann man den Urlaub als Kapitän verbringen (▶ S. 14).

SEHENSWERTES

Strokestown Park House and Famine Museum

Die Pracht des noch weitgehend original eingerichteten und im palladianischen Stil von Richard Cassels entworfenen Herrenhauses aus dem 18. Jh. steht in krassem Gegensatz zur Ausstellung im Famine Museum, das den Hunger in Irland einst und weltweit heute zum Thema hat.

Strokestown | www.strokestownpark.ie | tgl. 10.30–16 Uhr | Eintrittspreise auf Anfrage

47 km nördl. von Athlone

ESSEN UND TRINKEN

Killeen's Village Tavern

Tolle Atmosphäre – Halb Shop, halb Pub: Eines der schönsten dieser traditionellen Lokale mit Doppelfunktion ist wahrscheinlich die größte Sehenswürdigkeit des Dörfchens. Und auch der gute und günstige Pub Grub ist hier handfeste Tradition.

Shannonbridge, Main St | Tel. 09 09 67 41 12 | trad. Pub-Öffnungszeiten | €

KILKENNY E 7

9000 Einwohner

Kilkenny, knapp eine Stunde südwestlich von Dublin entfernt, ist einer der geschichtsträchtigsten Orte Irlands und Hauptstadt des gleichnamigen County. Die Stadt, durchziehen enge Gassen, die durch schmale Durchgänge, die »slips« verbunden sind, mit Häusern, die kleine Erker zieren, dem Schloss und der Kathedrale. Sie hat sich viel von ihrem mittelalterlichen Flair erhalten und ist ideal für einen Spaziergang, bei dem man in den Shops und Antiquitätenläden stöbern, aber auch den historischen Pubs einen Besuch abstatten kann. Der Name Kilkenny stammt vom hl. Canice, der hier im 6. Jh. eine Kirche baute und ein Kloster gründete. Die normannische Burg am River Nore wurde 1391 bis 1953 Sitz des Clans der Butler of Ormondes. Heute ist Kilkenny Castle in städtischem Besitz.

SEHENSWERTES

Kilkenny Castle

Bis 1935 von der Butler Familie bewohnt, ist das Schloss neben der Kathedrale das Wahrzeichen der Stadt. Im Rahmen einer geführten Tour besucht man auch den Long Room mit Portäts der Butler-Familie und schönen Deckenmalereien. Im Schloss ist die Butler Gallery untergebracht, eine kleine, aber bedeutende Sammlung, die sich zeitgemäßer Kunst widmet. Und ideal für einen Spaziergang im Grünen ist der herrlich angelegte Park des Schlosses mit seinem Rosengarten in der Form eines keltischen Kreuzes und seinen weitläufigen Rasenflächen.

Castle Castle Rd | www.kilkennycastle. ie | März 9.30 – 17, April, Mai 9.30–17.30, Juni–Aug. 9–17.30, Sept 9.30–17.30, Okt.– Feb. 9.30–16.30 Uhr | Eintritt 6 €, Kinder 2,50 €

Butler Gallery | www.butlergallery. com | 10–13, 14–16.30 Uhr | Eintritt frei

Rothe House & Garden

Ein elisabethanisches Kaufmannshaus im Tudor-Stil beherbergt heute das Heimatmuseum.

Parliament St | www.rothehouse.com | April–Okt. Mo–Sa 10.30–17, 15–17, Nov.– März Mo–Sa 10.30–16.30 Uhr | Neue Preise auf Anfrage

Smithwick's Brewery

Die Brauerei nahe der Kathedrale bekommt gerade ein neues Besucherzentrum, gehört aber – wie Guinness – dem Diageo-Konzern. Das Bier, das in Irland Smithwick's heißt, wird übrigens in deutschen Supermärkten leicht verändert und etwas dem Geschmack eines Guinness angepasst, als »Kilkenny« verkauft. Auf dem Gelände der Brauerei stehen auch die Ruinen der Greyfriars Church und der St. Francis Abbey.

Smithwicks Brewery Tours: Parliament St | www.smithwicks.ie | Öffnungszeiten und Preise ab Sommer 2014 auf Anfrage

St. Canice's Cathedral

Sie ist die wichtigste unter den Kirchen Kilkennys und nach St. Patrick's in Dublin die zweitgrößte Kathedrale Irlands. Einzigartig ist die Kombination eines Rundturms aus dem 9. Jh. mit dem anglo-normannischen Bau des 13. Jh. In Zeiten der Reformation wurde sie ebenso verwüstet wie durch Cromwells Truppen.

Sehenswert im Inneren sind die mehr als 100 Grabsteine, der Thronstein aus dem 7. Jh. und ein schönes Taufbecken. Die vier Marmorarten im Chor stammen aus je einer der vier Provinzen Irlands: Der graue aus Ulster, der schwarze aus Leinster, der rote aus Munster und der grüne aus Connacht. Vor der Kathedrale kann man den 30 m hohen Rundturm besteigen.

St Canice's Place | www.stcanices cathedral.ie | Juni–Aug. Mo–Sa 9–18, So 13–18, April, Mai, Sept. Mo–Sa 10–13, 14–17, So 14–17, Okt.–März Mo-Sa 10–13, 14–16, So 14–16 Uhr | Eintritt 4 €, Kinder 3 € mit Turmbesteigung 6 €, Kinder 5,50 €)

ÜBERNACHTEN

Butler House

Kunstvoll – Einst das Heim des Earl of Ormonde, heute ein elegantes kleines Hotel. Die Zimmer und Suiten sind individuell mit viel Geschmack eingerichtet, das Haus besitzt eine eigene Kunstsammlung.

16 Patrick St | Tel. 05 67 72 28 28 | www.butler.ie | 13 Zimmer | €€€

Kilford Arms Hotel

Zentral – In der Lobby wird man von einem ausgestopften Tiger begrüßt, das Hotel im Stadtzentrum hat viel Flair und eine der elegantesten, holzgetäfelten Bars in Kilkenny.

John St | Tel. 05 67 76 10 18 | www. kilfordarms.ie | 60 Zimmer | €€

ESSEN UND TRINKEN

RESTAURANTS

Café Sol

Organic – Aus Bio-Produkten der Umgebung werden hier zu stets frische kleine Gerichte zubereitet. Perfekt für ein Light Lunch oder Dinner.

William St | Tel. 05 67 76 49 87 | tgl. Mittag und Abend | €€

Campagne

Französisch – Garrett Byrne hat sich seine Meriten in Dublin erkocht, bevor er nach Kilkenny zurückkehrte, hier kreiert er seine fantasievollen Gerichte und verwendet dazu lokale Zutaten.

5 Gashouse Lane | www.campagne.ie | Tel. 05 67 77 28 58 | Fr, Sa 12.30–14.30, So 12.30–15, Di–Sa 18–22 Uhr | €€€

Kyteler's Inn

Geschichtsträchtig – Im 14. Jh. soll die Namensgeberin dieses Pubs, Lady Alice Kyteler, ihre vier Ehemänner ermordet haben, woraufhin sie der Hexerei bezichtigt wurde. Regelmäßig Trad-Sessions.

27 St Kieran's St | www.kytelers.inn | Tel. 05 67 72 10 64 | trad. Pub-Öffnungszeiten | €

Wollen Sie's wagen?

100 schmale Stufen – bei Gegenverkehr wird's erst recht eng – und dann kann man den Blick auf Kilkenny genießen: Die Kathedrale bietet eine der zwei Möglichkeiten in Irland, einen Roundtower zu ersteigen. Schwindelfreiheit vorausgesetzt.

St. Canice's Cathedral | www.st. canicescathedral.ie | April–Okt. Mo–So | Eintritt 3€

Tynan's Bridge House

Windschief – Das beste und traditionellste Pub der Stadt in einem 300 Jahre alten Gebäude. Regelmäßig Abende mit traditioneller Musik.

St. John's Bridge | Tel. 05 67 72 12 91 | trad. Pub-Öffnungszeiten | €

Zuni

Kunstvoll – In diesem ehemaligen Theater kreiert Maria Rafferty ihre wunderbaren Gerichte. Tagsüber ein Café mit hervorragendem Lunch-Menü, abends gibt's Meeresfrüchte, Tapas und andere Köstlichkeiten.

26 Patrick St | www.zuni.ie | Öffnungszeiten auf Anfrage | €

EINKAUFEN

Kilkenny Design Centre ▶ S. 40

KULTUR UND UNTERHALTUNG

Watergate Theatre

Musik, Comedy und Theater stehen hier regelmäßig auf dem Programm.

Parliament St | Programm unter www.watergatetheatre.com oder Tel. 05 67 76 16 74.

Ziele in der Umgebung

CAHIR D 8

Eine mächtige Burg aus dem 12. Jh. dominiert den Ort, sie steht auf einer Insel im Fluss Suir und ist gut erhalten: Sie ergab sich den Truppen Cromwell's kampflos und wurde daher nicht zerstört.

Cahir, Castle St | www.heritageireland. ie | Mitte Okt.–Feb. 9.30–16.30, März– Mitte Juni 9.30–17.30, Mitte Juni–Aug. 9–18.30, Sept.–Mitte Okt. 9.30–17.30 Uhr | Eintritt 3 €, Kinder 1 €

62 km südwestl. von Kilkenny

CASHEL D 7

2500 Einwohner

Das kleine Städtchen hat eine Reihe von Unterkünften jedweder Art zu bieten, Souvenirshops und natürlich auch die Ruinen eines Klosters: In diesem Fall ist es eine Dominikanerpropstei aus dem 13. Jh.. Größter Anziehungspunkt für Touristenscharen ist aber der Rock of Cashel.

61 km nordöstl. von Kilkenny

SEHENSWERTES

Rock Of Cashel

Auf diesem 60 m hohen Kreidefelsen residierten vom 4. bis ins 12. Jh. die Könige von Munster. Auch mit einer Legende aus dem Leben des hl. Patrick ist der mysthische Ort verbunden: Hier soll er um das Jahr 450 König Aengus getauft haben. Und auch Brian Borù ließ sich hier zum König krönen.

1101 übernahm die Kirche Cashel of the Kings und in der Burg wurden sakrale Gebäude errichtet – zum Beispiel die Cormac's Chapel: Eine prachtvolle Kapelle, die unter Mitwirkung von Mönchen entstand, die auch am Kloster Regensburg arbeiteten. In Irland einzigartig sind daher auch der kreuzförmige Grundriss oder die Blendarkaden an den Wänden. Das Dach der Kapelle erinnert hingegen an Kevin's Kitchen in Glendalough.

Die Kathedrale stammt aus dem 13. Jh.. Wahrscheinlich ein Krönungsstein war der Sockel von St. Patricks Cross, das vor der Kathedrale steht. Unterhalb des Felsens liegen noch die Ruinen des Zisterzienserklosters Hore Abbey aus dem 13. Jh..

Cashel | www.heritageireland.com | Ende Sept.–Mitte Okt. 9–17.30, Mitte Okt.– Mitte März 9–16.30, Mitte März-Anf. Juni 9–17.30, Mitte Juni-Mitte Sept. 9–19 Uhr | Eintritt 6 €, Kinder 2 €

ÜBERNACHTEN

Cashel Town B&B

Biologische Zutaten – In einem georgianischen Stadthaus wird auf beste Qualität und Erholung Wert gelegt: Das beginnt beim Bio-Frühstück und endet bei einer Tasse Tee vor dem Kamin.

5 John St | Tel. 06 26 23 30 | www. cashelbandb.com | 9 Zimmer | €€

ESSEN UND TRINKEN

Chez Hans

Beste irische Küche – In einer ehemaligen Kirche ist das Lokal seit 1968 ein Klassiker gehobener irischer Küche, holen die Kinder von Gründer Hans

Majestätisch erheben sich die mittelalterlichen Ruinen auf dem Rock of Cashel, einem beeindruckenden Monument irischer Geschichte und Kultur (▶ S. 104).

Peter Mathiae, heute ihre Zutaten aus nahen Gewässern und von saftigen Weiden. Kurz: Fisch und Fleisch in bester Qualität.
Moor Lane | Tel. 06 26 11 77 | www. chezhans.net | Öffnungszeiten auf Anfrage | €€€€

Mc Carthy's ▶ S. 29

◎ **CLONMEL**　　　　　▲ E 8
15 800 Einwohner
Das Zentrum der irischen Ciderproduktion liegt bereits in County Tipperary. Hier beginnt der Nire Valley Drive seine 37 km lange Runde, die durch die Comeragh Mountains und das Nire Valley mit einsamen Wald- und Flusslandschaften führt.
50 km südwestl. Kilkenny

◎ **EMO COURT**　　　　▲ E 6
Nordöstlich von Portlaoise liegt Emo Court, ein klassizistisches Herrenhaus, das 1790 für den Earl of Portarlington von James Gandon erbaut wurde, der auch in Dublin sehr aktiv war. Das Herrenhaus ist von schönen Gartenanlagen und einer weiträumigen Parklandschaft umgeben.

Emo | www.heritageireland.ie | Os-
tern–Sept. 10-18 Uhr | Eintritt 3 €, Kinder
1 €, Garten ganztägig frei zugänglich
63 nördl. von Kilkenny

ESSEN UND TRINKEN
Morrisey's ▶ S. 29

◉ GLEN OF AHERLOW ⚑ D 8
Ein grünes Tal, das die Galty Mountains durchzieht, die fast unvermittelt
aus der Ebene aufragen. Hier erhebt
sich der dritthöchste Berg Irlands, der
baumlose, 917 m hohe Galtymore. Eine
Aussichtsstraße (Scenic Drive) führt
über eine Länge von 25 km durch den
Glen.
70 km südwestl. von Kilkenny

ÜBERNACHTEN
Aherlow House Hotel
Ein Jagdschloss wurde zu einem luxuriösen Hotel umgewandelt. Hervorragendes Restaurant, selbst das Bar Food
lässt nichts zu wünschen übrig.
Glen of Aherlow | Tel. 06 25 61 53 |
www.aherlowhouse.ie | 29 Zimmer,
15 Appartements | €€€

◉ JERPOINT ABBEY ⚑ E 7
Die Überreste einer im 12. Jh. gegründeten Zisterzienserabtei, drei Kilometer von Thomastown entfernt. Die
schönen Reliefs in den Arkaden des
Kreuzgangs gehören zum Besten mittelalterlicher Steinmetzkunst. Sie stellen Menschen aller Stände in all ihren
Schwächen dar, zeigen aber auch trau-
ernde Apostel: Einer Legende zufolge
ist der hl. Nikolaus in der Nähe der
Abtei, jenseits des kleinen Flusses, begraben: Kreuzfahrer haben seinen
Leichnam aus Myra mitgenommen

Das Grab des heiligen Nikolaus 7
Das Gras ist abgeweidet von den
Schafen, die rundherum in den Ruinen ruhen. Wir suchen das Grab
und finden es inmitten der kleinen
Kirche bzw. den Überresten: Ein Bischof mit Mitra ist auf der schiefen,
verrutschten Grabplatte zu sehen,
in der Hand hält er den Krummstab. Es soll der hl. Nikolaus sein,
Kreuzfahrer haben – so will es eine
lokale Legende – seine Überreste in
diese Kirche neben der Jerpoint Abbey gebracht (▶ S. 14).

und in den Ruinen der St. Nicholas
Church beigesetzt. Sein Grab ist mit
dem Bildnis eines Bischofs mit
Krummstab geschmückt.
Thomastown | www.heritageireland.ie |
März–Sept. tgl. 9–17.30, Okt. tgl. 9–17, Nov.
9.30–16 Uhr | Eintritt 3 €, Kinder 1 €
20 km südl. von Kilkenny

ESSEN UND TRINKEN
Lady Helen ▶ S. 28

◉ KELLS PRIORY ⚑ E 7
Eine der schönsten Abteien Irlands
liegt nahe dem Dörfchen Kells in
County Kilkenny. Am besten erlebt
man die Ruinen des ehemaligen Au-
gustinerklosters aus dem 12. Jh. bei
einer drei Kilometer langen Rund-
wanderung. In Kilree – zwei Kilometer
von Kells entfernt – sind ein 29 m hoher Rundturm und gleich daneben das
Grab des Hochkönigs Niall Caille aus
dem 9. Jh. sehenswert.
14 km südl. von Kilkenny

◎ KILDARE   ▲ F 6

7500 Einwohner

Im Curragh, einer ausgedehnten Torf-
ebene, hat der irische Pferdesport seinen Mittelpunkt. Curragh Racecourse
gilt als eine der berühmtesten Renn-
bahnen der Welt. Ganz in der Nähe
liegt die Stadt Kildare, die auf ein Kloster aus dem Jahre 500 n. Chr. zurückgeht, das von der hl. Brigid gegründet
wurde. Der Heiligen ist auch die ursprünglich 1229 erbaute Kathedrale
von Kildare geweiht, die im 17. Jh. ihr
heutiges Aussehen erhielt. Der Rundturm daneben stammt aus dem 13. Jh.

97 nordöstl. von Kilkenny

SEHENSWERTES

National Stud and Gardens

Im etwa 14 km entfernten Nachbardorf
von Kildare, Tully, befindet sich das
staatliche Rennpferdegestüt National
Stud. Im Rahmen einer geführten Tour
kann man es besichtigen. Man sieht berühmte Hengste in ihren Ställen und
beim Training. Auch eine auch die
Fohlenstation darf man besuchen.

Tully | www.irish-national-stud.ie | tgl.
9.30–18 Uhr | Eintritt 12,50 €, Kinder 7 €
86,5 km nordöstl. von Kilkenny

◎ MOONE   ▲ F 6

Das Städtchen ist wegen seines mittelalterlichen Hochkreuzes ein Begriff:
Mit seinen sieben Metern gilt das Moo-
ne High Cross als eines der schönsten
in Irland. Die Reliefs stammen aus dem
9. Jh. Im Nachbardorf Castledermot
sind ebenfalls zwei Hochkreuze zu sehen: Sie stehen am Friedhof des ehemaligen Klosters.

62 km nordöstl. von Kilkenny

Beim Bau der Zisterzienserabtei Jerpoint Abbey waren im 15. Jh. Künstler und Steinmetze von
hohem Rang am Werk (▶ S. 106).

DER WESTEN

*Die raue, vom Atlantik umtoste Küste, die herbe Schönheit einsamer
Moore und karger Karstlandschaften sowie sagenumwobene
Plätze aus grauer Vorzeit und des frühen Christentums – all das
ist für viele Reisende der Inbegriff von Irland.*

Es ist das Licht, das den Westen Irlands so besonders macht. Bevor sich
die Wolkentürme vor dem nächsten Regen aufbauen, gelingt es der Sonne, einen warmen Strahl auf die fruchtbare Landschaft zu schicken und
alles in herrlichster Farbenpracht erstrahlen zu lassen. Selbst in den grau-
en Felsformationen des Burren gewinnen Sträucher und Gräser dadurch
einen einzigartigen Reiz.
Den Südwesten der Insel mit der grünen Landschaft des Killarney Nationalparks bis zu den weißen Stränden der Halbinsel Iveragh prägt hingegen eine ganz andere Atmoshäre. Hier wirkt alles, vom Golfstrom ge-
wärmt und von der Sonne verwöhnt, beinahe mediterran. Selbst Palmen
wachsen hier.
Zunehmend rauer wird die Landschaft schon etwas nördlicher, auf der
Halbinsel Dingle. Fährt man über den 400 km hohen Connor Pass auf die

◀ Die Cliffs of Moher (▶ S. 129), der berühm-
teste Küstenabschnitt der irischen Westküste.

Das neue
Nordirland

Der Westen

Die Mitte
Irlands

Dublin und
der Südosten

Irlands Süden

Nordseite der Halbinsel, eröffnen
sich Ausblicke über das fruchtbare
Land Clares und weit ins Landes-
innere, in dem sich der Shannon
über 300 km seinen Weg bahnt.
Der längste Fluss Irlands mündet
bei Limerick in den Atlantik, der
Hauptstadt des gleichnamigen County und seit Wikingerzeiten eine der
bedeutendsten Städte Irlands. Bekannt ist sie auch als Frank McCourts
Heimatstadt im Roman »Die Asche meiner Mutter«.
In der spröden Landschaft des Countrys Clare sind Irlands berühmtesten
Sehenswürdiglkeiten zu finden: Die Cliffs of Moher oder die raue Karst-
landschaft des Burren mit ihren uralten Dolmen und Ringforts.

DIE HUNGERSNOT

Immer wieder stößt man im Westen Irlands auf Spuren des »Great Famine«, der großen Hungersnot, die Mitte des 19. Jh. ganze Landstriche ent-
völkerte. Zwischen 1845 und 1852 starben eine Million Menschen, beinahe zwei Millionen emigrierten, die meisten von ihnen nach Amerika.
An diese große Tragödie des irischen Volkes erinnern nicht nur zahlreiche Museen, sondern auch auch bis heute verlassene Dörfer in Connemara oder auf Achill Island.
Galway ist eine lebendige Stadt mit legendären Pubs an der gleichnamigen Bay. Sie ist Ausgangsort für einen Besuch in einem der ursprünglichs-
ten Teile Irlands: Connemara, mit seiner wunderbaren Küstenlandschaft.
Connemara ist ebenso wie Dingle weiter im Süden oder Donegal im Norden ein Gaeltacht-Gebiet, eine Region, in der noch vorwiegend irisch
gesprochen wird.
Dolmen und Ganggräber, Ringforts und Klosterruinen machen den
Nordwesten Irlands zu einer Region voller Mystik und Geschichte. Und
vielleicht auch zu einer der landschaftlich schönsten: Auf den bewohnten,
einsamen Inseln wie Arranmore oder Tory Island ist das Leben hart und
vom Atlantik geprägt. Andererseits finden Surfer hier ideale Bedingungen. Und doch ist das Land im Nordwesten karg und noch am wenigsten
erobert und hat eine Ursprünglichkeit bewahrt, die man sonst in Irland
kaum mehr findet.

DONEGAL

 D 3

2400 Einwohner

Die Hauptstadt des gleichnamigen County heißt ebenso Dún na nGall (übersetzt: Fort der Fremden) und verdankt ihren Namen einer Wikingerbefestigung im 9. Jh. Hier herrschten einst die O'Donnells, bis sie 1607 mit den anderen irischen Earls nach Frankreich flohen. Das County Donegal ist mit den südlicheren Teilen Irlands nur durch einen Korridor verbunden, dessen engste Stelle beim Seebad Bundoran liegt, das wegen seiner gigantischen Wellen eine Surferhochburg ist.

Karibik-Strand in Donegal

8

Karibisch weiß ist der Strand von Bundoran, und in unseren Fußabdrücken im Sand sammelt sich das klare Salzwasser der Brandung. Die gerade untergehende Sonne wirft warmes Licht auf die Surfer, die draußen auf die große Welle warten. Manchmal soll sie 17 m hoch sein, aber heute ist das Meer zu ruhig. Mehr als ein kurzer Ritt am Brett ist nicht möglich. Wir überlegen, noch einmal in das einladend türkisfarbene Nass schwimmen zu gehen – auch wenn es trotz Golfstrom keine 20 Grad erreicht (▶ S. 15).

SEHENSWERTES

Diamond Obelisk

1937 errichtetes Wahrzeichen am Stadtplatz, das an das Buch »The annals of the four masters« erinnert, in dem vier Mönchen des Franziskanerklosters von Donegal Anfang des 17. Jh. die Geschichte Irlands aufgeschrieben haben. Das Buch wird heute in der National Library in Dublin aufbewahrt.

Donegal Castle

Der Sitz der O'Donnells liegt in einer Biegung des River Eske. 1623 wurde die heutige Burg neu aufgebaut und ist – nach einer umfangreichen Restaurierung – inklusive des handverlesenen Mobiliars zu besichtigen.

Castle St | www.heritageireland.ie | Ostern–Sept. tgl. 10–18, Okt.–Ostern Do–Mo 9.30–16.30 Uhr | Eintritt 4 €, Kinder 2 €

ÜBERNACHTEN/ ESSEN UND TRINKEN

Ardlenagh View ▶ S. 24

Ard na Breatha

Biologisch – Nur mit Reservierung kann man auf diesem Bauernhof schmausen und in einem der komfortablen Zimmer übernachten. Die Küche bietet Gerichte aus vorwiegend biologisch angebauten Produkten.

Drumrooske Middle | Tel. 07 49 72 22 88 | www.ardnabreatha.com | 10 Zimmer | €€

EINKAUFEN

Donegal Craft Village

Kunstvolle Handarbeit, von Töpferei bis Schmuck. Man kann den Kunsthandwerkern auch zuschauen.

Ballyshannon Rd | www.donegalcraft village.com

Magee's

Bekleidung aus echtem Donegal Tweed. Magee's produziert seit 1866.

The Diamond | www.magee18 66.com

Ziele in der Umgebung

◎ GLENCOLUMBKILLE　🔖 C3
724 Einwohner

Der Ort ist einer der historisch interessantesten in Irland. Er wurde zum Wallfahrtsort, weil hier der hl. Columba, einer der irischen Nationalheiligen, im 6. Jh. in frommer Zurückgezogenheit an der Glen Bay lebte. Zu sehen sind noch die Reste eines Gebetshauses, eine Quelle und Steinstelen mit keltischen Mustern.

Das Father McDyer's Folk Village zeigt, wie die Menschen einst in Donegal lebten. Im Shop wird neben Kunsthandwerk auch selbst gemachter Wein aus Seetang angeboten.

Doonalt | www.gleanncholmcille.ie | Ostern–Sept. Mo–Sa 10–18, So 12–18 Uhr | Eintritt 4,50 €, Kinder 2,50 €
53 km westl. von Donegal

◎ GRIANAN OF AILEACH　🔖 E2
Neben dem Staigue Fort und Dun Aengus das bedeutendste Steinfort Irlands. Es ist mindestens 2000 Jahre alt, wurde aber vermutlich auf dem 240 m hohen Berg über einem noch älteren Heiligtum des Gottes Dagda errichtet.

68 km nordöstl. von Donegal

◎ INISHOWEN　🔖 E1/2
Der nördlichste Punkt Irlands ist Malin Head, ein von der Brandung umtoster Felsen auf der Halbinsel Inishowen. Sie ist die größte Halbinsel Irlands mit weiten Stränden und schroffen Klippen. Das Städtchen Buncrana liegt im Osten an einem 5 km langen Sandstrand an einem Lough Swilly, einem Meeresarm und ist Ausgangspunkt für viele Touren.

Buncrana 83 km nordwestl. von Donegal

Wo sich der Atlantik mit dem Land vereint. Die einsamen weißen Strände, Wind und Wellen an Donegals Küste gelten unter Surfern als Geheimtipp (▶ S. 110).

ÜBERNACHTEN/ ESSEN UND TRINKEN

McGrory's of Culdaff

Irland pur – In Inishowen ist man nicht sehr verwöhnt, was gute Küche betrifft, aber allein wegen dieses Gastro-Pubs lohnt sich die Fahrt nach Culdaff. Irische Küche wie sie sein soll. Für Übernachtungsgäste stehen 17 Zimmer zur Verfügung.

Culdaff | Tel. 07 49 37 91 04 | www.mc grorys.ie | Bar Food tgl. 12.30–20 Uhr | €

Westbrook House

Stilvoller B&B – Die liebevoll nostalgische Einrichtung macht dieses georgianische Haus zu einem kleinen Juwel. Ausgezeichnet auch das Frühstück.

Inishowen, Westbrook Rd | Tel. 07 49 36 10 67 | www.westbrookhouse.ie | 4 Zimmer | €

◎ SLIEVE LEAGUE ⚑ C 3

Fast dreimal so hoch wie die Cliffs of Moher: 600 m fallen die vielleicht imposantesten Meeresklippen Europas beinahe senkrecht ins Meer ab. Aber Vorsicht: Das Wetter ändert sich sehr schnell, und dann sind die Felsen gefährlich rutschig.

Kilcar | www.slieveleaguecliffs.ie 74 km westl. von Donegal

◎ LOUGH DERG ⚑ D 3

Inmitten von Lough Derg liegt Station Island, wo einst der hl. Patrick 40 Tage betend und fastend in einer Höhle zugebracht hat. Während der Wallfahrtszeit von Anfang Juni bis Mitte August dürfen nur Pilger die Insel betreten, die so klein ist, dass sie nur der Klosteranlage mit Basilika, Kirche und Herberge Platz bietet. Drei Tage dauern die Exer-

zitien, bei der barfuß gehend gebetet wird und es nur eine tägliche Mahlzeit von trockenem Brot und Tee gibt. (www.loughderg.org)

34 km südöstlich von Donergal

◎ TORY ISLAND ⚑ D 1

Die kleine Insel mit etwa 170 Bewohnern erreicht man mit Fähren von Bunbeg und Magheraroarty aus –wenn es das Wetter zulässt. Der oft von den Stürmen des Atlantik gepeitschte Flecken, 14 km von der Küste entfernt, sollte schon einmal evakuiert werden, eine Bürgerinitiative konnte das aber abwenden. Reste eines Klosters aus dem 6. Jh. und ein Rundturm aus dem 7. Jh. erinnern daran, dass Tory Island schon von altersher bewohnt ist. Besucher genießen die Ruhe, können Vögel beobachten und finden in zwei Pubs Unterhaltung. (www.toryislandferry. com)

Fähre Bunbeg 74 nordwestl. von Donegal

ÜBERNACHTEN/ ESSEN UND TRINKEN

Hotel Tory

Inselhotel – Kein übertriebener Komfort, aber saubere Zimmer und Bar-Food-Klassiker im Pub, die perfekte Basis für einen gelungenen Aufenthalt auf der Insel Tory.

West Town | Tel. 07 49 13 59 20 | Ostern–Okt. | 10 Zimmer | €€

◎ GALWAY ⚑ C 6

75 000 Einwohner

Stadtplan ▶ S. 113

Galway, die größte Stadt an der Westküste und an der Mündung des Corrib in den Atlantik, war bereits im Mittelalter eine bedeutende Handelsstadt.

Map of Galway showing streets and points of interest including University Road, Galway Cathedral, Franciscan Friary, Town Hall, Court House, Weir, Galway Gaol Memorial, Lynch Memorial, Lynch's Castle, Collegiate Church of St. Nicholas of Myra, Police, Birthplace of Walter Macken, Christopher Columbus Sculpture, Statue of Fr. Burke, Spanish Arch, Galway City Museum, Dominican Friary, Fr. Burke Park, JF Kennedy Park, Methodist Church, Commercial Dock. © MERIAN-Kartographie, 300 m scale.

1484 wurde es ein unabhängiger Stadt-staat, der von 14 Adelsfamilien be-herrscht wurde, die Galway den Na-men City of the Tribes einbrachten. Heute reiht sich in der quirligen Uni-versitätsstadt mit einem kompakten, historischen Stadtkern ein Music-Pub an das nächste, und für viele Touristen gehört ein Aufenthalt in der gälischen Stadt einfach dazu. Das pulsierende Le-ben lernt man besonders während des Galway Arts Festival (www.galwayarts festival.ie), der Galway Race Week im Juli (www.galwayraces.com) oder des Galway Oyster Festival im September (www.galwayoysterfest.com) kennen.

SEHENSWERTES

❶ St. Nicholas Collegiate Church

1320 wurde die Kirche südöstlich der Market Street erbaut und dem hl. Ni-kolaus, dem Schutzheiligen der Seefah-rer geweiht. Hier soll auch Christoph Kolumbus 1477, von Spanien kom-mend, auf seinem Weg ins Ungewisse gebetet haben. Cromwells Truppen ha-ben die Kirche hingegen als Stall ge-nutzt, was noch ein Glück war: 14 an-dere Kirchen der Stadt wurden dem Erdboden gleichgemacht.

Market St | www.stnicholas.ie | tgl. 9–19 Uhr (Jan. u. Feb. bis 17 Uhr) | Eintritt frei

② Hall of the Red Earl

Vom Leben vor über 900 Jahren, zu Zeiten des legendären Red Earl zeugen diese imposanten Fundamente: 1997 wurden diese mittelalterlichen Strukturen freigelegt, als das Custom House erweitert wurde.

Druid Lane | www.galwaycivictrust.ie | Mo–Fr 9.30–16.45 Uhr | Eintritt frei

③ Lynch's Castle

Auch dieses Stadtpalais erinnert an die große Bedeutung der Stadt: Hier lebte einst die Familie Lynch, eine der 14 Familien der Tribes, die allein 80-mal zwischen 1480 und 1650 den Bürgermeister der Stadt Galway stellten. Mit dem Castle verbindet sich eine tragische Geschichte: Der Sohn des Bürgermeisters James Lynch, Fitz Stephen hatte Ende des 15. Jh. einen Spanier getötet. Sein Vater, zugleich oberster Richter, musste ihn zum Tode verurteilen. Aber damit nicht genug. In der ganzen Stadt fand sich partout niemand, der das Urteil vollstrecken wollte: Also blieb dem Bürgermeister nichts anderes übrig, als auch das Todesurteil selbst zu vollstrecken. Daran erinnert auch das Lynch Memorial Window in der Market Street.

Upper Abbeygate St | www.galwaycity. galway-ireland.ie/lynchs-castle | Mo, Di, Fr 10–16, Mi 10.30–16, Do 10–17 Uhr

④ Spanish Arch

Am Hafen südlich des Zentrums steht ein Mauerbogen aus dem Jahre 1584, der zur ehemaligen Stadtbefestigung gehörte und angeblich dem Schutz spanischer Händler diente, mit denen Galway lebhafte Handelsbeziehungen verbanden.

ÜBERNACHTEN

⑤ Kinlay House

Zimmer mit Aussicht – Von einigen Zimmern blickt man auf die Bucht von Galway. Auch Selbstversorger sind hier gern gesehen – und das gleich neben dem zentralen Eyre Square.

Merchant's Rd | Tel. 0 91 56 52 44 | www.kinlayhouse.ie | 50 Zimmer | €

ESSEN UND TRINKEN

⑥ Aniar 🚩

Stern in Galway – Die jungen Gastronomen Ultan Cooke, Jp McMahon und Drigín Gaffey – sie führen auch das EAT Gastro Pub, eine weitere Empfehlung – legen in ihrem Restaurant im West End großen Wert auf Authentizität. Das ganze Terroir Galways kommt in ihrer Küche zum Tragen: saisonale Küche mit regionalen Zutaten hat dem Lokal bereits einen Michelin-Stern eingebracht – den einzigen im Westen Irlands.

Galway, Co. Galway | 53 Lower Dominick Street | Tel. 0 91 53 59 47 | www.aniar restaurant.ie | Di–Sa 18–22 Uhr, Reservierung ratsam | €€€€

⑦ Quays

Seafood – Das Beste: Mit der kalten Meeresfrüchteplatte kommt (fast) alles auf den Tisch, was es in der Galway Bay zu fangen gibt. Und im Pub gibt's fast jeden Abend Livemusik.

Quay St | Tel. 0 91 56 83 47 | www.louis fitzgerald.com/quaysgalway | tgl. 11–2 Uhr | €€€

⑧ Tig Cóilí

Lords of the Dance – Zwei céilidh-Sessions finden hier täglich statt mit irischer Musik und Tanz. Dazu wird

Galway Hooker ausgeschenkt, ein in einer kleinen Brauerei gebrautes Bier, das zu den besten Irlands zählt.

Mainguard St. | 0 91 56 12 94 | Mo–Do 10.30–24, Fr–Sa 10.30–1, So 12.30–24 Uhr | €

Ziele in der Umgebung

◎ **ARAN ISLANDS 6**   ◣ B 6

1350 Einwohner

Die drei Aran-Inseln in der Galway Bay heißen Inishmóre, Inishmaan und Inisheer. Sie wurden 1934 durch den Stummfilm »Men of Aran« bekannt, gedreht zum größten Teil mit Laienschauspielern vor Ort. Aber nicht nur Filmemacher wie Robert Flaherty haben die drei kargen Inseln in der Galway Bay inspiriert: John Millington Synge schrieb hier sein Buch »The Aran Islands«. Der Schriftsteller Liam

O'Flaherty wurde auf einer der Inseln geboren. Hauptort der Inselgruppe, Kilronan mit etwa 260 Einwohnern, liegt auf Inishmór, der größten und am weitesten westlich gelegenen Insel.

SEHENSWERTES

Inishmór

Bedeutende Funde aus vor- und frühchristlicher Zeit machen Inishmór zu einem Erlebnis: Einzigartig in Europa ist die 1000 Jahre alte Festung Dún Angus, die im Süden der Insel direkt an die 60 m tief abfallende Steilküste gebaut ist. Vier halbkreisförmige Mauerringe schützten einst die Bewohner ebenso wie schroffe Steine, die zwischen den Ringen platziert waren.

Zwei Kilometer südlich von Kilronan finden sich die Ruinen des Klosters St. Eany's aus dem 5. Jh. Beeindruckend

Übernachten in Galway. Im Hostel Kinlay House findet man eine preiswerte Unterkunft und trifft immer nette Leute (▶ S. 114).

wie die Anlage ist auch der Blick über die Westküste Irlands.

Dún Aonghasa | www.heritageireland. ie | tgl. 10–18 Uhr | Eintritt 3 €, Kinder 1 €

ÜBERNACHTEN/ESSEN UND TRINKEN

Mainistir House

Vegetarisch – Buffet mit zum Großteil vegetarischer Bioküche aus frischen, der Saison entsprechenden Zutaten. Das Haus hat 60 Betten für Übernachtungsgäste.

Mainistir | Tel. 09 96 11 69 | www. mainistirhousearan.com | tgl. 9–13, 17– 19 Uhr | €

Joe Watty's Bar

Musik und Bier – Das beste Pub in Kilronan, fast jeden Abend gibt es Livemusik.

Kilronan | Tel. 09 92 08 92, www.joe wattys.com | tgl. 12–24 Uhr

EINKAUFEN

Mary O'Flaherty

Einen echten Aran-Pullover mit dem klassischen irischen Muster, handgearbeitet aus natürlicher Schafwolle, kann man hier erwerben. Mit etwas Glück sieht man Mary O'Flaherty beim Stricken.

Oat Quarter | Tel. 09 96 11 17

SERVICE

Zu den Aran-Inseln verkehren Fähren von Galway, von Rossaveal (37 km westlich von Galway) und von Doolin. Mit Aer Arann kann man zu den Inseln auch fliegen.

www.aranislandferries.com, www.aerannislands.ie

Oscar Wilde nannte Connemara eine »wilde Schönheit«. Heidegebiete, Moore, Seen und bis 700 m hohe, fast baumlosen Bergen prägen die faszinierende Landschaft (▶ S. 117).

CLARE ISLAND   B 5

461 m erhebt sich der Mt. Knockmore aus dem Meer und dominiert Clare Island, interessant besonders für Naturliebhaber. An die einst gefürchtete Piratenkönigin Grace O'Malley (1530 bis 1603) erinnern die Ruinen von Granuaile's Castle, einst ihr Stützpunkt, und von Clare Island Abbey, in denen sie begraben sein soll. Täglich gehen Fähren nach Clare Island von Roonagh Quay – westlich von Louisburgh – ab (www.clareislandferry.com).

66 km nördl. von Galway

CLIFDEN   A/B 5
2600 Einwohner

Die »Hauptstadt« Connemaras liegt an einer kleinen Bucht, in der der River Owenglin ins Meer mündet und ist von viktorianischem Flair geprägt. Ein besonderes Ereignis ist die Connemara Pony Show im August (www.cpbs.ie).

77 km westl. von Galway

ÜBERNACHTEN
Ben View House

Zentral – Liebevoll mit Antiquitäten ausgestattet, findet man in diesem 1848 erbauten Stadthaus eine gemütliche Unterkunft mit individuell eingerichteten Zimmern.

Clifden, Bridge St | Tel. 09 52 12 56 | www.benviewhouse.com | 9 Zimmer | €

ESSEN UND TRINKEN
Mullarkey's Pub

Bestes Bier – Hierher kommen auch die Einheimischen: Bei Livemusik herrscht beste Stimmung.

Main St | 09 52 18 01 | traditionelle Pub-Öffnungszeiten

CONG   B 5
150 Einwohner

In Cong – einem Dörfchen an der Grenze zu Connemara – drehte John Ford 1952 den Film »The Quiet Man« mit John Wayne und Maureen O'Hara. Dem widmet sich ein kleines Museum, und im Ortszentrum steht eine Bronzestatue der Hauptdarsteller. Im Film-Pub Pat Cohan's können Sie auf sie ein Pint trinken. Ebenso empfiehlt sich ein Besuch der Ruinen der Cong Abbey aus dem 12. Jh.

42 km nördl. von Galway

ÜBERNACHEN/ ESSEN UND TRINKEN
Fennel Seed

Einer für alles – Alleine wegen des Smoky Bake, einer köstlichen Fisch-Pie, sollte man in diesem eleganten kleinen Restaurant einkehren. Mit Barfood versorgt dieselbe Küche das Pub Crowe's Nest nebenan. In Ryan's Hotel darüber kann man gut und günstig übernachten.

Main St | Tel. 09 49 54 62 43 | www.ryanshotelcong.ie | Mo–Sa 18–21, So 13–19 Uhr | €€€

CONNEMARA   B 5

Die blauen Gipfel der Tafelberge der Twelve Bens und der Maumturk Mountains prägen Connemara ebenso wie ausgedehnte Torflandschaften, schäumende Bäche und dunkle Seen. Das Meer ist allgegenwärtig: Der gälische Name Connemara bedeutet »Inlets from the sea«. So durchschneidet auch Irlands einziger Fjord die Bergwelt im Norden Connemaras auf einer Länge von 16 km. Auf zahlreichen Wanderwegen des Connemara National Park begegnet man der Tier- und Pflanzenwelt dieser einzigartigen Landschaft. Vom Besucherzentrum werden im Juli und August geführte Wanderungen organisiert. Eine schöne Wanderroute im 2000 ha großen Areal führt durch den Gleann Mór, das Kerngebiet des Nationalparks, auf den Diamond Hill.

Letterfrack | Tel. 09 54 10 54 | www.connemaranationalpark.ie | Visitor Centre: März–Okt. 9–17.30 Uhr | Eintritt frei 82 km nordwestl. von Galway

SEHENSWERTES

Connemara Heritage and History Centre 👫

Torfstechen oder Schafschur werden auf dieser historischen Besucher-Farm erklärt, die 7 km östlich von Clifden an der N 59 liegt.

Lettershea | www.connemaraheritage. com | April–Okt. 10–18 Uhr | Eintritt 8 €, Kinder 4 €

◎ CROAGH PATRICK ▰ B 5

An der Südküste der Clew Bay. ragt der Croagh Patrick auf, Irlands heiliger Berg. Am letzten Sonntag im Juli pilgern Tausende von Menschen auf den 765 m hohen Gipfel. Hier soll der hl. Patrick 40 Tage lang gefastet, anschließend seine Handglocke geläutet und ins Meer geschleudert haben. Schlangen und Gewürm seien der Glocke gefolgt und im Meer ertrunken. Beeindruckend ist der Blick vom Gipfel aus: im Westen die Inseln im Atlantik, im Süden die Bergketten Mayos und Galways, im Norden Clew Bay und Achill Island. Zu Füßen des Croagh Patrick, dort wo der Pfad auf den Berg beginnt, wurde das National Famine Memorial

errichtet, das an die Hungersnot 1847–1849 erinnert.

92 km von Galway

◎ INISHBOFIN ▰ A 5

Die kleine Insel, 9 km vor der Küste von Connemara gelegen, ist mit der Fähre von Cleggan aus erreichbar und hat einsame Strände, grüne Weiden und ein paar Hotels aufzuweisen. Das Inishbofin Arts Festival im Mai mit Konzerten und Kunstausstellungen bringt Leben auf das Eiland (www.inishbofin.com).

◎ KYLEMORE ABBEY ▰ B 5

Eines der beliebtesten Fotomotive Connemaras, idyllisch an einem See gelegen. Eigentlich ist es aber keine Abtei, sondern ein neo-gotisches Schloss mit einer kleinen Kapelle und einem schönen Garten, das sich ein reicher Engländer im 19. Jh. erbauen ließ.

Kylemore | 09 54 11 46 | www.kylemoreabbey.com | Sommer 9–19, Winter 10–16.30 Uhr | Eintritt 11,70 € 70 km nordwestl. von Galway

◎ WESTPORT ▰ B 5

5200 Einwohner

Lebhafte kleine Stadt im Norden Mayos, die sich noch viel von ihrer georgianischen Atmosphäre erhalten hat.

80 km nördl. von Galway

SEHENSWERTES

Westport House 👫

Auf den Ruinen von Grace O'Malley's Burg erbaut, ist Westport House heute ein Musterbeispiel für ein georgianisches Herrenhaus aus dem 18. Jh. mit teilweise noch originalem Interieur. Man kann durch die Gärten spazieren

Achill Island ist Irlands größte Atlantikinsel mit spektakulären Landschaften, etwa den Klippen am Achill Head im äußersten Westen (▶ S. 119).

und Kinder werden dort vom Pirate Adventure Park begeistert sein.
Westport, Quay Rd | Tel. 09 82 77 66 | www.westporthouse.ie | April–Aug. 11–18, Sept.–März 10–16 Uhr | Eintritt (Haus und Garten) 12.50 €, Kinder 6,50 €; (Haus, Garten und Abenteuerpark) 24 €, Kinder 16,50 €

Achill Island   ☘ A/B 4

Über eine Brücke erreicht man nach etwa 50 km langen Fahrt von Westport Achill Island, mit 146 qkm die größte Insel Irlands, auf der Heinrich Böll sein »Irisches Tagebuch« schrieb. Die von sanften Bergen und Moor bedeckte Landschaft, deren Klippen vom Meer umtost werden, ist im Sommer ein beliebtes Ferienziel, vor allem Keel mit seinem langen Strand, mit Pubs, in denen noch viel Musik gespielt wird, wo es noch die »singsongs«-Abende gibt. Nahe dem Ort liegt das Slievemore Deserted Village, das während der großen Hungersnot im 19. Jh. verlassen wurde. Den Süden und Westen der Insel können Sie auch per Rad (oder Auto) auf dem 20 km langen Atlantic Drive kennenlernen.
130 km nordwestl. von Galway

ESSEN UND TRINKEN

Auld Shebeen

Fisch und mehr – Hervorragende Fischküche wird in diesem Pub an der Clew Bay serviert.

Rosbeg | Tel. 09 82 65 28 | www.auldshebeen.net | Mo–Do 11.30–15, Mo, Sa 12.30–15, So 11–15 Uhr | €€

KILLARNEY <img_1 /> B 8

13 500 Einwohner

Die Stadt, an den Ausläufern der Macgillycuddy's Recks, Irlands höchstem Gebirgszug, gelegen ist nicht nur der ideale Ausgangspunkt für eine Tour entlang des Ring of Kerry, sondern ebenso für Erkundungen im Killarney National Park.

ÜBERNACHTEN

Aghadoe Heights Hotel ▶ S. 23

Killarney International Hostel

Bestlage – Möchte man sich das Aghadoe Heghts Hotel – eines der schönsten Hotels Irlands – bei Killarney nicht leisten, dann findet man in diesem Hostel ganz in der Nähe eine fast ebenso schöne Lage: Das Herrenhaus aus dem 18. Jh. liegt mitten im Grünen und ist ausgestattet mit offenen Kaminen und zeigt viel Charakter. Betten in Schlafsälen und Doppelzimmern sollte man rechtzeitig buchen.

Fossa, Aghadoe House | Tel. 06 46 63 12 40 | www.anoige.ie | 32 Zimmer | €

SEHENSWERTES

Killarney Nationalpark

Der wohl bekannteste unter den irischen Nationalparks mit einem der letzten ausgedehnten Eichenwälder der Insel. Im Park liegen drei schöne Seen:

Einladend und fröhlich zeigen sich Irlands Urlaubsorte, wie Dingle, auf der gleichnamigen Halbinsel (▶ S. 121).

Lough Leane (Lower Lake), Muckross Lake (Middle Lake) und Upper Lake. Den besten Blick über die Seenlandschaft hat man vom Ladies View aus, an der Straße von Killarney nach Kenmare. Im Kerry County Life Experience erhält man Einblick in das ländliche Leben um 1930 und kann Handwerkern bei der Arbeit zuschauen. (www.killarneynationalpark.ie).

ESSEN UND TRINKEN

The Smoke House

Burger und mehr – Gebraten wird mit einem Josper, einem spanischen Kohleofen, das Fleisch wird dadurch besonders zart und geschmackvoll. Versuchen Sie doch mal den Kerry Surf'n'Turf-Burger!

High St | Tel. 08 72 33 96 11 | www.the smokehouse.ie | tgl. 8–23 Uhr | €

Ziele in der Umgebung

DINGLE HALBINSEL A/B 8

Weniger befahren als der Ring of Kerry ist die Dingle Halbinsel nördlich von Iveragh. Auch hier beginnt die Fahrt bei Killorglin (▶ S. 124): Bald macht man halt am **Inch Beach**, einem weißen Dünenstrand an einer Landzunge, die in die Dingle Bay ragt. **Dunbeg Fort** an der Westspitze der Halbinsel ist ein beeindruckendes eisenzeitliches Ringfort auf den Felsklippen. Ein Stück weiter findet man auch eine Reihe von gut erhaltenen clocháns, Bienenkorbhütten, in denen vom 5. bis ins 8. Jh. Mönche lebten.

An der Smerwick Bay liegt das **Goldene Fort** – Dún an Oir. Es wurde im 16. Jh. von den Engländern zerstört, die darin verschanzten irischen Rebellen wurden niedergemacht. Im Nordwes-

ten davon erhebt sich der **Mount Brandon**, mit 951 m der zweithöchste Berg Irlands. Den Nordosten der Halbinsel erreicht man über den 456 m hohen **Connor Pass**, auf einer Strecke, die einst für die Eisenbahn angelegt wurde, die bis in die 50er Jahre des 19. Jh. Dingle mit Tralee verband. Vom Westzipfel Dingles, **Slea Head**, sieht man die **Blasket Islands**.

Wild Atlantic Way

Eine brandneue, 2500 km lange und ausgeschilderte Autoroute, die von Donegal bis West Cork führen wird und die Schönheit der Küste im Westen Irlands zum Thema hat. Ab 2015 soll auch ausreichend Kartenmaterial zur Verfügung stehen. Weitere Infos unter www.ireland.com

SEHENSWERTES

Dingle (Stadt)

1800 Einwohner

Eine der größten Sehenswürdigkeiten des Städtchens mit seinen bunten Häusern ist der Delphin Fungie, der sich seit dreißig Jahren im Hafengebiet sehen lässt. Fischerboote brechen fast täglich zu Touren (ab 16 € pro Person) auf, um ihm nahe zu sein. Eine andere Attraktion ist im Oktober das Dingle Food & Wine Festival (www.dingle-food.com).

65 km nordwstl. von Killarney

Dingle Oceanworld

Ein Aquarium mit einem Tunnel, in dem man die Wasserwelt mit Riffhaien und Stachelrochen zu sehen bekommt.

Dingle Harbour | www.dingle-ocean world.ie | tgl. 10–17, Juli u. Aug. 10–18 Uhr | Eintritt 13 €, Kinder 7.50 €

Blasket Islands

Vom Westzipfel Dingles aus, Slea Head, sieht man die Blasket Islands. Die sieben Inseln umfassende Gruppe war Schauplatz des von Annemarie und Heinrich Böll ins Deutsche übersetzten Buches »Die Boote fahren nicht mehr aus« von Tomas O'Crohan, in dem das harte Leben der Bewohner der Inseln geschildert wird: 1953 siedelten die letzten Insulaner ab. Die Blasket Islands kann man mit der Fähre von Dunquin aus erreichen (rund 20 €, www.blasketisland.com).

Dingle Bay Charters | Dingle, The Marina | Tel. 06 69 15 13 44 | www.dingle charters.com
Blasket Island Ferry | Dunquin | Tel. 08 63 35 38 05 | www.blasketislands. ie | ca. 20 €

Gallarus Oratory

Das Gallarus Oratory, etwa 7 km von Dingle entfernt ist eine frühe irische Kirche aus dem 8. Jh. und die bedeutendste Sehenswürdigkeit der Halbinsel. Es ähnelt einem umgedrehten Boot und wurde aus Trockenstein gebaut. Im Visitor Centre kann man sich über die Bedeutung des Baus informieren.

Ballydavid | www.dodingle.com/ Activities/gallarus_centre | Visitor Centre tgl. 9–18 Uhr | Eintritt Visitor Centre 3 €

ÜBERNACHTEN

Lighthouse B&B ▶ S. 25

Pax House 🚹👧

Ruhige Lage – Ein herrlicher Blick über den eigenen Garten ist nur einer der Reize dieses komfortablen Guesthouse mit Familienanschluss.

Upper John St, Dingle | Tel. 06 69 15 15 18 | www.pax-house.com | 5 Zimmer | €€

ESSEN UND TRINKEN

Murphy's 🚹👧

Icecream made in Dingle – Zu den Geschmacksrichtungen gehören neben allerlei Früchten und Schoko auch Whiskey und Guinness. Probieren!

Strand St, Dingle | www.murphys icecream.ie | tgl. 11–18 Uhr | €

EINKAUFEN

Brian de Staic

Keltische Ornamentik neu interpretiert, darunter Schmuck mit Ogham-Schrift dekoriert. Hier findet man Ausgefallenes auch für die Lieben daheim.

Green St, Dingle | www.briandestaic. com

◎ RING OF KERRY 🔴8 🗺 A 8–B 9

190 km ist er lang und gilt als eine der schönsten Autostrecken der Welt: Der Ring of Kerry, der rund um die Halbinsel Iveragh führt. Passen Sie aber auf: Die Touristenbusse fahren die Tour meistens im Uhrzeigersinn, daher sollten auch Sie diese Richtung wählen, um an Engstellen Staus zu vermeiden. Es geht über entlegene Pässe und an zerklüfteten Küsten vorbei. Sehenswert sind das Seebad Waterville und die Ballinskelligs Bay, von der man einen Ausflug über den Commmakesta Pass zum Lamb's Head unternehmen kann.

SEHENSWERTES

Kenmare

Die Marktstadt Kenmare ist der Ausgangspunkt der Tour. Im Nordwesten des Ortes spannt sich eine Brücke über einen kleinen Fluss, deren Bogen so steil ist, dass sie nicht für Fahrzeuge benutzbar ist. Gleich daneben liegt ein gut erhaltenes Dolmengrab mit einem Steinkreis.

Staigue Fort

Eines der beeindruckendsten Ringforts Irlands erreicht man über eine kleine gewundene Straße bei Castle Cove, westlich von Kenmare. Das Fort hat eine Ausdehnung von 30 m, die Mauern sind vier Meter dick.

Derrynane National Historic Park

In Caherdaniel kann man im Derrynane National Historic Park das Wohnhaus des Nationalhelden Daniel O'Connell (1775–1847), der sich für die Gleichstellung der Katholiken verdient gemacht hatte, besichtigen. Im Garten wachsen Palmen und Riesenfarne, und bei Ebbe erreicht man zu Fuß Abbey Island mit den Ruinen einer alten Kapelle. An der Straße zum Haus befindet sich linker Hand ein Ogham Stone, auf dem in alter irischer Schrift der Name eines Stammesführers zu lesen ist.

Derrynane | www.heritageireland.ie | April–Sept. tgl. 10.30–18, Okt.–Nov. Mi–So 10.30–17 Uhr | Eintritt 3 €, Kinder 1 €).

Skelligs

Die kleine Inselgruppe ist ein einzigartiges Vogelschutzgebiet, in dem seltene Arten nisten. Little Skellig ist völlig den Vögeln überlassen, die andere Insel, **Skellig Michael** (der Felsen des hl. Michael), ist UNESCO-Weltkulturerbe. Hier suchten die Mönche Andacht und Buße in der Einsamkeit inmitten ungezähmter Naturgewalten. Am besten

Im Killarney Nationalpark steigt die Straße nach Kenmare hinauf zum Ladies View, von dem man über den Upper Lake in die Ferne schaut (▶ S. 120).

erreicht man die Inseln vom Hafen **Portmagee** aus. Die Geschichte der Mönche von Skellig Michael und die Fauna der Insel stehen im Mittelpunkt der Ausstellung im torfgedeckten Bau an der Brücke, die von Portmagee auf Valentia Island führt.

www.skelligexperience.com | Juli, Aug. 10–19, Mai, Juni, Sept. 10–18, März, April, Okt., Nov. Mo–Fr 10–17 Uhr | Eintritt 5 €, Kinder 3 €; Kombiticket mit einer zweistündigen Bootsfahrt vor den Skelligs 27,50 €, Kinder 14,50 €)

Valentia Island

Auf Valentia Island erreichte 1858 das erste transatlantische Telefonkabel europäischen Boden. Sehenswert ist St. Brendan's Well. Der Ort, an dem der Heilige im 5. Jh. mit seinem Schiff angelandet sein soll, ist ein Pilgerziel.

Killorglin

In dem Städtchen, dem nördlichsten Punkt der Iveragh Peninsula, und unserer Endstation des Ring of Kerry, wird alljährlich vom 10. bis 12. August die Puck Fair gefeiert, ein etwas bizarres Volksfest, bei dem nach uralter Tradition ein wilder Ziegenbock von der ältesten Jungfrau der Stadt zum König gekrönt wird.

ÜBERNACHTEN

Coffey's River's Edge

Flussblick – Angenehmer B&B nahe dem Fluss, nur ein paar Schritte vom Zentrum entfernt. Komfortable, geschmackvoll eingerichtete Zimmer, zart in Pastelltönen gehalten.

Killorglin, The Bridge | Tel. 06 69 76 17 50 | www.coffeysriversedge.com | 10 Zimmer | €

Whispering Pines

Persönlich – Liebevoll geführter und gemütlicher kleiner B&B zwischen dem trubeligen Ortszentrum und dem stillen Pier.

Kenmare, Glengarrif Rd | Tel. 06 46 64 11 94 | Ostern–Nov. | 4 Zimmer | €€

ESSEN UND TRINKEN

Bianconi

Seekarte – Beste Meeresfrüchte und Fisch gibt es in diesem Pub-Restaurant nahe der Laume-Brücke, aber auch der Rest der Karte ist recht verlockend. Auch komfortable Zimmer.

Killorglin, Bridge St | Tel. 06 69 76 11 46 | www.bianconi.ie | 15 Zimmer, traditionelle Pub-Öffnungszeiten | €€–€€€

Horseshoe

Gastro-Pub – Muscheln aus der Kenmare Bay in Apfelcider-Sauce bekommt man hier, und das ist nicht alles: Auch die Burger sind hervorragend. Abends unbedingt reservieren!

Kenmare, 3 Main St | Tel. 06 46 64 15 53 | www.thehorseshoekenmare.com | Mo–Sa 11–23.30, So 11–23 Uhr | €€€

◎ TRALEE ⚑ B 8

22 000 Einwohner

Die Hauptstadt des County Kerry ist vor allem wegen des Rose-of-Tralee-Festivals bekannt, eines alljährlich im August stattfindenden Schönheitswettbewerbs. Im Kerry County Museum wird über die Geschichte des County Kerry informiert, und Sie können sehen, wie die Stadt im Mittelalter aussah.

Denny St | www.kerrymuseum.ie | tgl. 9.30–17.30 Uhr | Eintritt 5 €, Kinder frei) 33 km nordwestl. von Killarney

Limerick

LIMERICK

🏴 C7

57 000 Einwohner
Stadtplan ▶ S. 125

Die viertgrößte Stadt Irlands liegt am Shannon. Sie war Ende des 17. Jh. Zufluchtsort der Truppen Jakobs II., die vom Heer Wilhelms von Oranien in der Schlacht am Boyne geschlagen wurden (▶ S. 71). Unter Patrick Sarsfield leisteten sie weiteren Widerstand und gaben erst auf, als ihnen ein ehrenvoller Abzug versprochen wurde. Ein Versprechen, das die Engländer nicht hielten: Mit der Einnahme von Limerick verloren die Katholiken das Recht, ihren Glauben ausüben zu können. Im 18. Jh. wurden die Stadtmauern geschleift, und viele Bauten im georgianischen Stil errichtet. Von der alten Pracht ist aber nicht mehr viel zu sehen. Die

Armut des 19. und frühen 20. Jh. zwang viele Limericker zur Emigration. Wer mehr über die »dunkle« Zeit in Limerick erfahren will, muss nur auf Frank Mc Courts Bücher zurückgreifen. Der Autor von »Angela's Ashes« verbrachte seine Kindheit in den Armenvierteln der Stadt. Heute ist Limerick Standort einiger internationaler Konzerne.

SEHENSWERTES

1 King John's Castle

Zweihundert Jahre nach der Kathedrale wurde King John's Castle gebaut und nach dem englischen König, der 1210 eigens zu seiner Einweihung aus England kam, benannt. Es galt lange als unbezwingbar. Heute informiert eine sehenswerte Multivisionsschau über die Stadtgeschichte.

Nicholas St | www.shannonheritage. com | April–Sept. 9.30–17.30, Okt.–März 9.30–16.30 Uhr | Eintritt 9 €, Kinder 5,50 €

MUSEEN UND GALERIEN

2 Hunt Museum

Eine beeindruckende Sammlung bronzezeitlicher, frühchristlicher und mittelalterlicher Stücke beherbergt dieses Museum im georgianischen Custom House von 1760, die von den Antiquitätenhändlern John und Gertrude Hunt zusammengetragen wurde. Zu sehen ist u. a. ein kleines Bronzepferd von da Vinci und eine der Münzen, die Judas für seinen Verrat an Jesus erhalten haben soll.

Palladian Custom House, Rutland St | www.huntmuseum.com | Mo–Sa 10–17, So 14–17 Uhr | Eintritt 5 €, Kinder 2,50 €

3 Georgian House & Garden

Wie die Wohlhabenden in Limerick wohnten, zeigt das Georgian House, das mit Marmor, Stuckaturen und Tapeten vornehm ausgestattet ist. Im Untergeschoss erkennt man in den Personalräumen und in der Küche die andere Seite der Medaille.

2 Pery Sq | www.georgianhouseand garden.ie | Mo–Fr 10–16 Uhr | Eintritt 6 €, Kinder 4 €

ÜBERNACHTEN

4 The Boutique Hotel

Art-Hotel – Claire de Lacy, ein Maler aus Limerick, hat einige der Kunstwerke geschaffen, die in diesem stilvollen kleinen Hotel im Zentrum zu sehen sind, und das zu überraschend günstigen Zimmerpreisen. Mit dabei: ein schön designtes Pub.

Denmark St | Tel. 0 61 31 53 20 | www. theboutique.ie | 26 Zimmer | & | €€

ESSEN UND TRINKEN

Market Square Brasserie

Französisch – Im 5-Sterne-Hotel Savoy verwöhnt dieses Restaurant mit exzellenter, französischer Küche. Hervorragende Wein- und Käseauswahl.

Henry St | Tel. 0 61 44 87 00 | www. savoylimerick.com | Di–Sa 17–22 Uhr | €€€

Ziele in der Umgebung

◎ ADARE   C7

1000 Einwohner

Schon mehrmals wurde Adare zum schönsten Dorf Irlands gekürt. Die Bewohner tun auch alles, um dieses Prädikat zu behalten: Sie decken ihre Häuser mit Reet, schmücken sie mit Blumen und heißen auch Massen von Touristen willkommen. Das Städtchen ist aber nicht natürlich entstanden, sondern wurde geplant: Und zwar vom 3. Earl of Dunraven, der im Adare Manor residierte und die Häuser im 19. Jh. für seine Arbeiter erbauen ließ.

Das neugotische Herrenhaus Adare Manor ist heute ein Nobelhotel.

18 km südwestl. von Limerick

◎ BUNRATTY CASTLE AND FOLK PARK ⚠ C7

Die restaurierte Normannenburg Bunratty Castle zeichnet sich durch ihre schöne Ausstattung mit Vertäfelungen und Stuck aus, ist daher auch beliebte Location für mittelalterliche Bankette. Zu Füßen der mittelalterlichen Burg liegt der Bunratty Folk Park: Hier wurden Bauernhäuser aus der Shannon-Region ebenso aufgebaut wie ein ganzes Dorf mit Schule, Geschäften, Post und natürlich auch mit einem Pub (in dem tatsächlich ein hervorragendes Irish Stew serviert wird).

Bunratty | www.shannonheritage.com | 9.30–17.30 Uhr | Eintritt (für Castle und Folk Park) 15 €, Kinder 9 €

15 km westl. von Limerick

◎ BURREN ⚠ B6

Der Burren, ein 500 qkm großes Gebiet, die Hälfte davon ein Nationalpark, ist eine einzigartige, baumlose Karstlandschaft, die von Gletschern der letzten Eiszeit geformt worden ist. In den Spalten zwischen den nackten Felsen wachsen Pflanzen, die es sonst nur in der Arktis oder den Alpen gibt. Und eine ebenso einzigartige Ansammlung von Monumenten aus der Stein-, Eisen- und Bronzezeit: Alleine 500 Ringburgen (von 30 000 in ganz Irland), wie Cahercommaun mit seiner dreifachen

Majestätisch thront das Castle von Limerick (▶ S. 126) am Shannon und ist ein Sinnbild für den Widerstand, den die Bürger 1690/91 den Engländern entgegensetzten.

Die Gegend am Lough Gur war schon vor 6000 Jahren besiedelt. Die Menschen haben hier u. a. den größten Steinkreis der Insel errichtet (▶ S. 130).

Umwallung. Das alles ist der Burren, was übersetzt »großer Felsbrocken« heißt, und dessen spröde Schönheit es zu entdecken gilt.

Kilfenora 65 km nordwestl. von Limerick

SEHENSWERTES

Aillwee Cave

Die Höhle im Nordwesten des Burren, die in den 40er Jahren entdeckt wurde, ist wegen ihrer Tropfsteinformationen bekannt. Die Haupthöhle führt 600 m in den Berg.

www.aillweecave.ie | Nov.–Feb. 10–17, März–Juni u. Sept.–Okt. 10–17.30, Juli– Aug. 10–18.30 Uhr | Eintritt 12 €, Kinder 5,50 €

Gleninsheen

Etwa 500 m östlich der R 480 in Richtung Norden liegt, ein wohl über 4000 Jahre altes Galeriegrab. Ein Goldkragen aus dem 7. Jh. v. Chr., der hier gefunden wurde, ist im Nationalmuseum in Dublin zu sehen.

Poulnabrone

Etwa 8 km südlich von Aillwee steht ein prächtiger Dolmen mit einem fünf Tonnen schweren Deckstein.

SERVICE

Burren-Informationszentren

Das Burren Experience Centre in Ballyvaughan im Norden und das Burren Centre in Kilfenora im Süden des Burren geben gute Einführungen in das Gebiet.

www.theburrencentre.ie | Mitte März–Mitte Okt. 10–17, Juni–Aug. 9.30–17.30 Uhr | Eintritt 6 €, Kinder 5 €

CLIFFS OF MOHER B 6

Über acht Kilometer fallen die Klippen zum Teil 203 m ab. Wollen Sie der hohen Mauer entgehen, die den Ausblick versperrt, dann gehen Sie in Richtung Hag's Head. Am besten geht man vom Moher Tower im Süden der Klippen nach Norden, auch um den vielen Touristen zu entgehen, die beim Visitor Centre die Felsen erklimmen. Auf dem Weg kommt man bis an die Kanten der Klippen heran.

Klippenwanderung 9

Über den steilen Felsen donnert die Brandung an die Felsen, der Wind versucht, einen in die Tiefe zu ziehen. Bis auf ein, zwei Meter traut man sich an die Felsen, dann überkommt einen der Bammel, nach unten gezogen zu werden, hinunter in die Gischt und die meterhohen Wellen, über denen die Vögel kreisen. Eine Wanderung entlang der Cliffs of Moher ist Naturgewalt pur: Auf dem Pfad gerät man in den Bann der gischtumtosten Felsen und der atemberaubende Aussicht auf den Atlantik und die einsame Klippenlandschaft (▶ S. 15).

Visitor Experience | www.cliffsofmoher.ie | Besucherzentrum: Juli, Aug. 9–21, Mai, Juni, Sept. 9–19, März, April, Okt. 9–18, Nov.–Feb. 9–17 Uhr | Eintritt 6 €, Kinder gratis

80 km nordwestl. von Limerick

CRAGGAUNOWEN CENTRE C7

Nahe dem Craggaunowen Castle aus dem 16. Jh. wurde ein Freilichtmuseum errichtet, für das unter anderem ein Crannog, ein Pfahlbau aus der Bronzezeit, und ein Ringfort rekonstruiert wurden. Das interessanteste Objekt ist der Curragh, ein leichtes kleines Boot, das hochseetauglich war.

www.shannonheritage.com | Mai–Sept. 10–17 Uhr | Eintritt 7,85 €, Kinder 4,75 €

28 km nordwestl. von Limerick

DOOLIN B 6

250 Einwohner

Das kleine Fischerdorf nördlich der Cliffs of Moher ist mit seinen Singing Pubs eine kleine Berühmtheit in Irland. Von Doolin fahren auch Fähren auf die Aran Islands (▶ S. 115).

77 km nordwestl. von Limerick

ÜBERNACHTEN

Cullinan's Guesthouse

Body and Soul – Der Musiker James Cullinan führt dieses komfortable Guesthouse. Besten Fisch gibt's im Restaurant nebenan.

Doolin | Tel. 06 57 07 41 83 | www.cullinansdoolin.com | 10 Zimmer | €€

ESSEN UND TRINKEN

MacGann's

Musikpub mit Küche – Neben O'Connor's und MacDiarmada's eines der drei historischen Musik-Pubs in Doolin. Hervorragende Küche.

Roadford | 06 57 07 41 33 | Mo–Do 10–0, Fr–So 10–0.30 Uhr

◎ LISDOONVARNA　　　　　　⚓ B 6

1000 Einwohner

Bekannt ist Lisdoonvarna für das Matchmaking Festival, das alljährlich im September Heiratswillige aus der ganzen Welt anlockt. Außerdem genießen Badegäste die Quellen von Irlands einzigem Heilbad. Zu den Quellen gelangt man, indem man von der Roadside Tavern einen halben Kilometer in Richtung Fluss wandert. Unbedingt empfiehlt sich auch ein Besuch im Burren Smokehouse, wo man frisch geräucherten Lachs erwerben kann.

76 km nordwestl. von Limerick

SEHENSWERTES

Dunguaire

Am Ortsrand von Kinvara sieht man in malerischer Lage an den Wassern der Galway Bay das Castle – genauer ein befestigtes Turmhaus aus dem 16. Jh. Hier werden auch heute noch mittelalterliche Bankette abgehalten (Reservierungen unter www.shannonheritage.com).

◎ LOUGH GUR/GRANGE STONE CIRCLE　　　　　　⚓ C 7

Rund um den Lough Gur liegen mehr als zwanzig Steinkreise, Ringforts, Dolmen und andere Fundstätten aus einer Periode zwischen dem Neolithikum und der Bronzezeit. Der bedeutendste ist der Grange Stone Circle mit einem Durchmesser von 45 m, den mehr als 100 Monolithen bilden.

21 km südl. von Limerick

SLIGO　　　　　　　　⚓ C/D 3

In Sligo verbrachte der Dichter William B. Yeats (1865–1939) seine Jugend. Die einzigartig schöne Gegend hat ihn oft inspiriert und ihm ist das Yeats International Festival im Juli und August gewidmet, bei dem die irische Dichtkunst im Mittelpunkt steht, daneben auch Musik und Theater (www.yeats-sligo.com). Freunde von Jazz und Rock werden vom Sligo Jazz Festival Mitte Juli (www.sligojazzproject.com) und vom Event Sligo Live im Oktober (www.sligolive.ie) begeistert sein.

SEHENSWERTES

Sligo Abbey

Die beherbergt noch den einzigen Hochaltar Irlands aus dem Mittelalter.

Abbey St | Tel. 07 19 14 64 06 | März–Okt. 10–18 Uhr | Eintritt 3 €, Kinder 1 €

Sligo County Museum

Ein eigener Raum ist dem bedeutendsten Brüderpaar der Stadt gewidmet: Dem Dichter William B. und dem Maler Jack B. Yeats.

Stephen St | www.sligolibrary.ie | Di–Sa 10–12, 14–16.30 Uhr | Eintritt frei

Yeats Memorial Building

Die Ausstellung widmet sich dem Leben und Werk des Schriftstellers, und im hellen Tearoom über dem Fluss kann man darüber reflektieren.

Hyde Bridge | www.yeats-sligo.com | Mo–Fr 10–17, Sa 10–14 Uhr | Eintritt frei

ÜBERNACHTEN

Sligo Park Hotel

Erholsam – Swimmingpool und Spa gehören ebenso zu diesem Hotel wie ein eigener Garten.

Pearse Rd | Tel. 07 19 19 04 00 | www.
sligoparkhotel.com | 136 Zimmer |
♿ | €€€

ESSEN UND TRINKEN

Hargadons

Austern und Tapas – Hervorragendes
Essen, rustikal-gemütliche Atmosphäre und Live-Musik am Wochenende.
4 O'Connell St | Tel. 07 19 15 37 09 |
www.hargadons.com | Mo–Sa Lunch,
Di–Sa 16–21 Uhr | €€

Ziele in der Umgebung

◎ CARROWKEEL MEGALITHIC CEMETERY D 4

Auf einem Hügel bei Castlebaldwin liegen Gräber und Dolmen aus der Zeit
zwischen 3000 und 2000 v. Chr. In einem der 14 Ganggräber ist eine Licht-
schleuse eingelassen, in die zur Wintersonnenwende Licht ins Innere des
Grabes dringt. Vergleichbar damit ist
lediglich Newgrange (▶ S. 74). In der
Umgebung sind noch 140 Steinkreise
zu finden.
30 km von Sligo

◎ CÉIDE FIELDS B 3/4

An der Nordküste Mayos liegen die
steinzeitlichen Céide Fields mit ummauerten Feldern, Häusern und Grä-
bern, Zeugen bäuerlichen Lebens vor
5000 Jahren. Bei geführten Touren,
ebenso beim Besuch des Interpretive
Centre erfährt man mehr über diese
Städte.
Ballycastle, R 314 | www.heritagecentre.
ie | Tel. 09 64 33 25 | Juni–Sept. 10–18,
April, Mai, Okt. 10–17 Uhr | Eintritt 4 €,
Kinder 2 €
94 km westl. von Sligo

Die zauberhafte Landschaft um Sligo inspirierte immer wieder den Dichter W. B. Yeats. In der
Stadt wurde dem Nobelpreisträger ein Denkmal gesetzt (▶ S. 130).

Im Fokus
Gälische Kultur

Irish Folk und Dance erlebten eine wahre Renaissance, und man vergisst fast, dass der Erhalt dieser mitreißenden Musik und kraftvollen Tänze, der gälischen Kultur überhaupt, ein echter Kampf war. Die irische Sprache hört man nur noch vereinzelt in den »Gaeltachts«.

Die Gälen, ein keltischer Stamm, kamen im 4. Jh. aus Südeuropa nach Irland. Bis heute prägt ihr Erbe das Leben auf der Insel. Kern der gälischen Gesellschaft war der Clan, und um ihn drehte sich das ganze Leben. Soziale und rituelle Traditionen wurden hochgehalten und überliefert. In den Zeiten der Druiden wurden Mythen und Legenden erzählt, die später die Mönche in den Klöstern niederschrieben. Wichtigstes Erbe der gälischen Tradition ist die Sprache: Erste Zeichen der Sprache sind aus dem 4. Jh. v. Chr. durch Inschriften in Ogham-Zeichen überliefert. In Irland und in westlichen Teilen Britanniens wurden zwischen dem 4. und 6. Jh. meist an den Kanten von Steinen kurze Texte, in den meisten Fällen Namen wichtiger Persönlichkeiten, angebracht. So wurde entweder der Besitz von Land oder das Grabmal der bezeichneten Person vermerkt. Ogham-Inschriften werden in den meisten Countys in Irland gefunden, wobei es eine Konzentration in den Grafschaften Cork, Kerry und Waterford gibt. Derzeit sind 360 Ogham-Steine bekannt.

◀ Ein Auftritt der Dubliners 1967, des
Urgesteins des Irish Folk (▶ S. 134).

DIE IRISCHE SPRACHE

Die irische Sprache hat sich direkt aus keltischen Idiomen entwickelt. Ihr entstammen übrigens auch zwei weitere Sprachen: das Schottisch-Gälische und das einst auf der Insel Man gesprochene Manx. Lange Zeit wurde im Irischen ein eigenes Schriftalphabet verwendet, das hier und da noch in alten Inschriften und natürlich in älterer Literatur zu finden ist, jedoch mit der Übernahme des lateinischen Alphabets verschwand. Im Laufe der englischen Kolonialzeit, und besonders in den letzten zwei Jahrhunderten vor der Unabhängigkeit des Irischen Freistaats, wurde das Irische schließlich in einige wenige abgelegene Gebiete im Westen der Insel zurückgedrängt.

Heute legt die Politik großen Wert auf die Pflege des Gälischen. Die offiziellen Amtssprachen Irlands, seit 2007 auch Nordirlands, sind Englisch und Irisch Gälisch. Straßenschilder, offizielle Dokumente und verschiedene Institutionen sind bilingual, und im täglichen Sprachgebrauch haben sich einige Gälische Termini erhalten wie Toisach für den irischen Ministerpräsidenten, Garda für die Polizei und natürlich Éire für den Staat.

GAELTACHT

Dennoch ist Irisch als lebendige Sprache nur noch in vereinzelten Regionen, in den »Gaeltachts« im Norden und Westen der Insel zu hören. Inzwischen gibt es wieder zahlreiche Kindergärten und Schulen, in denen Irisch als Unterrichtssprache verwendet wird. Nach der Volkszählung von 2011 wurden mehr als 1,7 Mio. Sprecher (41,4 % der Gesamtbevölkerung) registriert, in den sogenannten Gaeltachtaì lebten 66 238 gälischsprachige Personen (69,5 % der Bevölkerung). Die Mehrheit verwendet aber Irisch als Umgangssprache.

In Nordirland wurden 2001 100 000 Irisch sprechende verzeichnet, der Großteil in den katholisch geprägten Landesteilen.

Es gibt drei Hauptdialekte des Irischen: An Mhumhain (Munster) im Südwesten, Connachta (Connaught) im Westen und Ulaidh (Ulster) im Norden. Aber bereits 2002 schrieb die Gaeltacht-Kommission, dass das Irische über kurz oder lang selbst in den stärksten Gebieten nur mehr eine Zweitsprache sein würde. Ein Report von 2012 sah die Situation bereits als bedrohlich an, vor allem weil der irische Staat Englisch selbst in

Gaeltacht-Gebieten bevorzugt: In einer Reihe von Schulen wird in Englisch als erster Sprache unterrichtet.

GÄLISCH – MER ALS EINE SPRACHE

Die gälische Kultur – die eng mit der Sprache verbunden ist – wird von verschiedensten Institutionen in Irland gepflegt. Die wichtigste ist die Gaelic Athletic Association (GAA), die sich nicht nur um die traditionellen Sportarten Gaelic Football und Hurling kümmert, sondern auch um die Pflege irischer Musik und den Gebrauch traditioneller Musikinstrumente wie der Bodhrán, der Handtrommel, die sitzend, mit der rechten Hand und einem Holzschlägel, dem Tipper, Beater oder Stick, gespielt wird. Der Name stammt vom irischen Wort bodhar ab, welches taub oder auch dumpf bedeutet. Die Handtrommel, ein wichtiges Instrument der traditionellen irischen Musik wird zwar auf die gälische Kultur zurückgeführt, ist aber erst seit dem 17. Jh. nachweisbar. Viele der Instrumente, die den Klang bis heute prägen, kamen erst im 18. Jh. dazu. Das waren insbesondere die Fiddle (Geige), Tin Whistle (Metallflöte), Uilleann Pipes (der irische Dudelsack), das Akkordeon und die Holzquerflöte. Eingesetzt werden weiters die Gitarre und die irische Bouzouki. Selten erklingt die keltische Harfe. Beliebte Grundformen der Stücke sind der Reel, der Jig, die Hornpipe, Slow Air oder die Polka. Zu hören ist traditionelle irische Musik fast täglich in unzähligen Pubs überall auf der Insel, nicht selten in offenen Sessions, bei denen einsteigen kann, wer will.

Die traditionelle irische Musik ist eng verbunden mit dem irischen Tanz: Bei Céilídh-Abenden wechseln Musik und Tanz einander ab. Irische Volkstänze wie Set Dance, der Céilí oder Sean-nós (so wird auch der traditionelle A-cappella-Gesang genannt) und traditionelle Stepptänze aus Connemara und Munster werden allein, in Paaren oder in Gruppen getanzt. Diese Tänze erlebten durch Tanzshows wie Riverdance eine Renaissance.

IRISH HEUTE

Irische Volkskultur hat in Europa durch Bands wie The Dubliners, The Chieftains oder The Pogues große Verbreitung gefunden, doch selbst im Rock verwurzelte Musiker wie Van Morrison oder Phil Lynott (der Gründer und Sänger von Thin Lizzy) haben der traditionellen Musik ihre Referenz erwiesen: Lynott mit seiner Version des Klassikers »Whiskey In The Jar«, Morrison mit seinem Album »Irish Heartbeat«, das er mit den Chieftains produzierte. Die Könige der irischen Folkmusic waren aber zweifellos The Dubliners: Sie sorgten mit Dominic Behan's Auld Triangle ebenso für Furore wie mit traditionellen Volksliedern. Eines ihrer Gründungsmitglieder war Luke Kelly (1940–1984), der von vielen als der bedeutendste irische Sänger des 20. Jh. angesehen wurde. Von den ursprünglichen Dubliners lebt nur noch Barney McKenna. Ciaran Burke (1935–1988) und der zweite legendäre Sänger Ronnie Drew (1934–2008) sind bereits verstorben.

Auch in der irischen Literatur lebte die gälische Kultur wieder auf: Vor allem in der Wiederentdeckung des alten keltisch-irischen Sagen- und Legendenschatzes in den Jahren der Unabhängigkeitskämpfe. Maßgeblich daran beteiligt war der literarische Kreis rund um William Butler Yeats (1865–1939). Er verhalf einem romantischen Irland-Bild zum Durchbruch, das bis heute nachwirkt.

Mehr über die gälische Kultur erfährt man in Gälischen Kulturzentren, einige der interessantesten, in denen zum Teil Musik- oder Tanzvorführungen stattfinden, sind:

Brú Ború   ♫ D 7

Für Fans irischer Musik und Tanzes ist das kleine Heritage Centre Rock of Cashel (▶ S. 104) ein Pilgerziel: Die Ausstellung Sounds of History zeigt die Verbindung von irischer Musik und Geschichte. Es gibt auch Abende mit traditioneller Musik und Tanz.
Cashel | www.comhaltas.ie | Öffnungszeiten und Preis auf Anfrage

Cois na hAbhna   ♫ C 7

Ein Hort für Keltische Kultur und gälische Tradition, Musik und Tanz: Live-Performances, Bücher und Tonträger.
Ennis, Gort Road | www.coisnahabhna. ie | Programm unter Tel. 06 56 82 42 76

Cultúrlann na hÉireann   ♫ F 5

Das irische Kulturinstitut hat sich den traditionellen Kunstformen verschrieben – wie den Céilídhs, den Gruppentänzen, die Einheimische und Touristen gleichermaßen begeistern.

Dublin Bay, 32 Belgrave Square, Monkstown | Tel. 0 12 80 02 95 | www. anchulturlann.ie | Öffentlicher Tanz: Fr 21 Uhr | Eintritt 9,50 €

Siamsa Tire   ♫ C 7

Ganz der gälischen Kultur verpflichtet: das National Folk Theatre of Ireland in Limerick.
Limerick, Town Park | www.siamsatire. com | Programm unter Tel. 06 67 12 30 55

Uilleann Pipes   ▶ Klappe hinten, d 2

Im Hauptquartier der Uilleann Pipers (Na Píobairí Uilleann) in Dublin, der Spieler des irischen Dudelsacks, der in der Armbeuge gespielt wird. In den Monaten Juli und August werden auf Voranmeldung Besucher durch das Gebäude geführt und können sehen, wie man die Pipe spielt. Sonst finden Konzerte oder Tanzvorführungen statt.
Dublin 1, 15 Henrietta St | Tel. 0 18 73 00 93 | www.pipers.ie

BELFAST, DERRY UND ANTRIM:
DAS NEUE NORDIRLAND

In Nordirland haben sich zwei Welten vereint. Man findet typisch Irisches und Englisches. Es gibt Seebäder, wie sie auch am Ärmelkanal liegen könnten, und Pubs, die es so nur auf der »Grünen Insel« geben kann. Und einige ihrer schönsten Gegenden liegen im Nordosten.

Zum Glück sind die Zeiten der »Troubles« nun vorbei, der religiösen, politischen und gesellschaftlichen Spannungen zwischen den pro-britischen Loyalisten und den pro-irischen Unionisten, denen Tausende Menschen in Nordirland und Großbritannien zum Opfer fielen. Vorbei die Zeiten, als Bombenanschläge in Belfast fast zur Tagesordnung gehörten. Zwar kann man bei Bus- oder Taxitouren die mit Stacheldraht und Mauern gesicherten Grenzen zwischen den katholischen und protestantischen Vierteln noch immer sehen, aber der Friede zwischen den Bevölkerungsgruppen scheint endgültig hergestellt.

Abgesehen von der nordirischen Bevölkerung hat die Stadt Belfast davon am meisten profitiert: Lange gemieden, ist sie heute ein beliebtes Touris-

◄ Vor der mächtigen City Hall von Belfast
genießt man den Sommer (▶ S. 139).

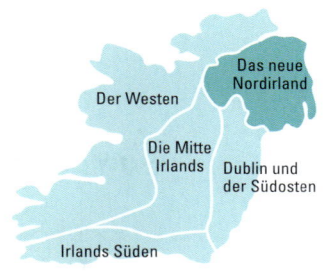

tenziel. Das neue Highlight eines
Besuches ist das Titanic Quarter:
die ehemaligen Werften, in denen
der Luxusliner Titanic gebaut
wurde und in denen 2012 – zum
100-jährigen Jubiläum des tragischen Untergangs – auch die Tita-
nic Experience ins Leben gerufen wurde: ein spektakuläres Glas- und
Alu-Gebäude, dem Schiffsrumpf nachempfunden. Und auch entlang
des Lagan, des Flusses, der Belfast durchzieht, ist eine völlig neue Stadt
entstanden: Modern, jung, reich an Kunst und Architektur. Belfast zeigt
sich mit vielen Facetten: viktorianische Gebäude, einzigartige Museen,
gute Restaurants und einige der schönsten Pubs der gesamten Insel
gehören dazu.

MEHR ALS BELFAST

Nordirland ist natürlich nicht nur Belfast: Von den Mourne Mountains
bis Derry und dem Lough Erne ist Nordirland eine Reise wert. Die Glens
von Antrim, die Nordküste, die Inseln vor der Küste sind nur einige Seiten dieser vielfältigen Landschaft, zu der eines der beeindruckendsten
Naturschauspiele Europas gehört: der Giant's Causeway mit 40 000 hexa-
gonalen Basaltsäulen, die vor 60 Millionen Jahren bei einer vulkanischen
Eruption entstanden sind.

Die Gastfreundlichkeit der Nordiren steht der ihrer republikanischen
Nachbarn kaum nach: Das Guinness schmeckt in einem Pub im Norden
genauso gut wie in einem im Süden, und auch die traditionelle Musik
wird in Nordirland genauso gepflegt wie in der Republik. Vielleicht findet
man im Hinterland von Lough Neagh oder von County Fermanagh nicht
allzu viele B&B's, das machen aber elegante Schlosshotels ebenso wett wie
moderne Stadthotels.

Und auch der britische Einfluss ist spürbar – es ist nicht alles irisch in
Nordirland, wo weite Teile der Bevölkerung einst aus England und
Schottland zugewandert sind. In den Grafschaften Derry und Tyrone leben vorwiegend Katholiken, in Antrim und Down hingegen Protestanten. So hat man in Nordirland oft beides, Britisches und Irisches, und
vielleicht das Beste beider Welten – wenn man es so ausdrücken will.

BELFAST
🏴 G 3

277 000 Einwohner

Stadtplan ▶ S. 139

Der normannische Freibeuter John de Courcy überschritt 1171 den Fluss Lagan an einer Stelle, die be'al feirsde hieß und den Namen einer Siedlung bezeichnete. Der Ort lag über Jahrhunderte im Grenzbereich zwischen irischem und englischem Einfluss. Hugenotten brachten aus Frankreich die Techniken der Leinenproduktion mit, die bald zu einem der wichtigsten Wirtschaftszweige – neben dem Schiffsbau – in und um Belfast wurde. Belfast, erst 1888 zur Stadt erhoben, wurde 1920 die Hauptstadt Nordirlands. Fast vierzig Jahre lang war Belast touristisches Niemandsland, doch immer mehr Besucher zieht es heute in die vor Energie vibrierende Stadt. Das Zentrum ist der Donegall Square mit der City Hall. Westlich des Donegall Square beginnt die »Golden Mile« mit Pubs, Restaurants und kleinen Lokalen. Nördlich des Donegall Square, am Arthur Square, sieht man einige beeindruckende Bauten von Charles Lanyon, Architekt und Lebemann, dessen viktorianische Architekturen das Bild der Stadt bis heute prägen. Von Lanyon stammen auch das Queen's College in der Queen's University im Süden der Stadt, das Custom House und die Queen's Bridge am Fluss Lagan.

Nicht weit vom viktorianischen Custom House sieht man allerdings auch, wie sich das Bild der Stadt in den letzten Jahren gewandelt hat: In den 1990er Jahren veränderte das sogenannte Laganside Project mit den Gebäuden der Waterfront Hall, dem Riverside Tower der British Telecom und dem Belfast Hiltondas das Viertel am Lagan durchgreifend. Heute schwimmen auch wieder Forellen und Lachse im Lagan, einst schon fast ein stinkendes Gerinnsel. Symbol der Verbundenheit der Stadt mit dem Fluss ist die Skulptur Big Fish, die seit 1999 gegenüber von Custom House steht.

SEHENSWERTES

① Albert Memorial Clock Tower

Belfast hat auch seinen schiefen Turm, der allerdings aufgehört hat, sich zu neigen: Er steht am Ende der Queen Street und wurde zu Ehren des Gatten von Queen Victoria, der allerdings nie nach Belfast kam, errichtet.

Botanic Gardens ▶ S. 139, südl. a 3

Vom Architekten Charles Lanyon stammt das viktorianische Palmenhaus im botanischen Garten. Sehenswert sind auch das Tropenhaus (Tropical Ravine) mit seiner üppigen Vegetation und natürlich der Garten selbst.

Stranmillis Rd | www.belfastcity.gov.uk | tgl. 7.30–Sonnenuntergang | Eintritt frei

Cave Hill Country Park

▶ S. 139, nördl. a 3

Den Norden der Stadt überragt der 386 m hohe Cave Hill, von dem Sie eine herrliche Aussicht über die Stadt genießen. Auf seinem Gipfel liegt McArt's Fort aus der Eisenzeit und auf den südlichen Ausläufern Belfast Castle, das 1870 im schottischen Balmoral-Stil erbaut wurde. Hier können Sie auch das Cave Hill Visitors Centre besuchen um mehr über diesen Ort zu erfahren.

Antrim Rd | www.belfastcastle.co.uk | Mo–Sa 9–22, So 9–17.30 Uhr | Eintritt frei

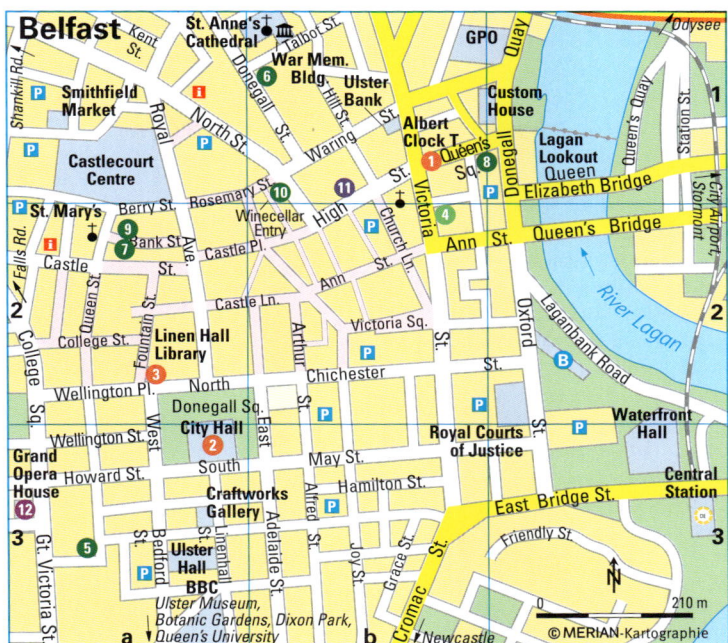

2 City Hall

Von Brumwell Thomas 1903 im Stil des Historismus entworfen, wird das Gebäude durch eine neoklassizistische Front und eine 53 m hohe Kuppel gekrönt. Das Innere ist äußerst opulent gestaltet, die mit italienischem Marmor geschmückte, prachtvolle Empfangshalle ist im Rahmen einer Führung wochentags zu bewundern. Die City Hall umgeben die City Hall Gardens, in denen Denkmäler von Queen Victoria wie auch des Werftbesitzers Sir Edward Harland, in dessen Hallen die Titanic gebaut wurde, stehen.

Donegall Sq | www.belfastcity.gov.uk | Gratis-Führungen Mo–Fr 11, 14, 15, Sa 14, 15 Uhr

3 Linen Hall Library

Gegenüber der City Hall wurde 1788 die Bibliothek eröffnet. Sie besitzt heute rund 260 000 Bücher, viele davon Werke zur irischen Geschichte.

17 Donegall Sq | www.linenhall. com | Mo–Fr 9.30–17, Sa 9.30–16 Uhr | Eintritt frei

Stormont ▶ S. 139, östl. a 1

Auf das Parlamentsgebäude im Osten der Stadt führt würdevoll eine 1,5 km lange Allee zu. Sechs Säulen der Front stehen für die nordirischen Grafschaften. Nur die Gärten stehen Besuchern offen.

Upper Newtownards Rd | Mo–Fr 9–16 Uhr

MUSEEN UND GALERIEN

Ormeau Baths Gallery ▶ S. 139, südl. a 1

Der wichtigste Ort für zeitgenössische Kunst in Nordirland.

18 A Ormeau Avenue | www.ormeau baths.co.uk | Di–Sa 10–17 Uhr

Ulster Folk & Transport Museum 🚹 ▶ S. 139, nordöstl. a 1

Bauernhäuser, Kirchen, Mühlen können Sie besuchen: Das Leben in Irland in den vergangenen Jahrhunderten steht im Mittelpunkt dieser Freiluftschau. Im Transport Museum sind hingegen alle möglichen Fortbewegungsmittel ausgestellt.

Cultra, Holywood | www.nmni.com/uftm | März–Sept. Di–So 10–16, So u. Sa 11–16, Okt.–Feb. Di–So 10–17 | Eintritt 9 €, Kinder 5 € (für beide Museen)

Ulster Museum 🚹 ▶ S. 139, südl. a 3

Eine ägyptische Mumie, die keltische Bann Disc, Schätze aus der Girona, dem 1588 gesunkenen Schiff der spanischen Armada, dazu ein historischer Abriss zu den Troubles, aber auch eine Ausstellung zur Unterwasserwelt sowie Flora und Fauna Nordirlands – das alles – und wohl noch viel mehr – ist hier zu sehen. Kurz: das wichtigste Museum Nordirlands.

Stranmillis Rd | www.nmni.com/um | Di–So 10–17 Uhr | Eintritt frei

The MAC 🚩 🚹 ▶ S. 139, nördl. c 1

Die Hoffnungen und Wünsche der Belfaster Jugend sind das Thema der Lichtinstallation von Mark Garry im Atrium. Und diese permanente Installation ist auch die Linie des neuen Metropolitan Arts Centre in Nordirlands Hauptstadt: Musik, Theater, Tanz finden hier ebenso Raum wie moderne Kunst. In speziellen Kunst-Workshops kommen kleine Besucher zum Zuge.

St Anne's Square | www.themaclive.com

Titanic Quarter 🚩 🚹 ▶ S. 139, nordöstl. c 1

Zum 100-jährigen Jubiläum des Stapellaufs des Luxusliners wurde das neue Wahrzeichen von Belfast eröffnet: der dem Schiffsrumpf nachempfundene schillernde Bau der **Titanic Experience** 🟊. In den Docks der Werft Harland & Wolff entstand nicht nur diese sechsstöckige multimediale Erlebniswelt, sondern auch das Titanic Dock's & Pump House, in dem die Titanic wie auch die SS Nomadic, das letzte noch existierende Schiff der White Star Line (unter deren Flagge die Titanic wie auch die ebenso große Olympic fuhren), gebaut wurden. An Bord des Schiffes, mit dem einst Passagiere zur Titanic gebracht wurden, befindet sich ein kleines Museum.

1 Olympic Way, Queens Road | www.titanicbelfast.com | April–Sept. tgl. 9–19, Okt.–März tgl. 10–17 Uhr | Eintritt 14,75 €, Kinder 7,25 €

ÜBERNACHTEN

4 Malmaison Hotel

Zentrumsnah – In zwei ehemaligen Lagerhäusern direkt im Stadtzentrum: Alle Räume sind in dunklem Braun gehalten. Die Bar ist stylisch und angenehm, das Frühstück ordentlich.

34–38 Victoria St | Tel. 0 84 46 93 06 50 | www.malmaison.com | 64 Zimmer | ♿ | €€€

The Merchant Hotel ▶ S. 24

Tara Lodge ▶ S. 139, südl. a 3

Stilvoll – In grüner Umgebung in einer Seitenstraße der Botanic Avenue im Süden der Stadt: helle Zimmer, hervorragendes Frühstück.

36 Cromwell Rd | Tel. 0 28 90 59 09 00 | www.taralodge.com | 6 Zimmer | €€

ESSEN UND TRINKEN
The Barking Dog 🚩
▶ S. 139, südwestl. a 3

Pragmatisch – Dank der kahlen Ziegelwände und der unprätentiösen Holztischen steht allein Michael O'Connor's kreative Kochkunst im Mittelpunkt. Probieren Sie den Smoked haddock on crushed potatoes with poached egg and béarnaise.

33–35 Malone Rd | Tel. 0 28 90 66 18 85 | www.barkingdogbelfast.com | Öffnungszeiten auf Anfrage | €€€

⑤ Crown Liquor Saloon ▶ S. 28

⑥ John Hewitt Bar & Restaurant

Große Auswahl – Perfekte Atmosphäre und gutes Pub Grub zeichnen dieses Lokal aus, dazu kommt eine gute Bierauswahl mit nordirischem Hilden Ale und bayerischem Erdinger. Livemusik, nicht selten Jazz.

51 Donegal St | Tel. 0 28 90 23 37 68 | www.thejohnhewitt.com | trad. Pub-Öffnungszeiten | €–€€€€

⑦ Kelly's Cellars

Historisch – Das älteste Pub Belfasts wurde 1720 gegründet. Hier erahnt man noch etwas von der Pub-Atmosphäre vergangener Jahrhunderte.

1 Bank St | 0 28 90 24 60 58 | www.belfastbar.co.uk/kellys-cellars-review.htm | trad. Pub-Öffnungszeiten | €

Das neue Belfast präsentiert sich mit dem MAC. Das Kulturzentrum im alten Cathedral Quarter bringt genreübergreifend Künste und Menschen zusammen (▶ S. 140).

8 McHugh's Bar and Restaurant

Beef und mehr – Unten uriges Pub, oben angenehmes Restaurant mit Blick auf den schiefen Clock Tower, wo hervorragende Meeresfrüchte und Steaks serviert werden.

29-31 Queen's Sq │ Tel. Tel. 0 28 90 50 99 99 │ www.mchughsbar.com │ tgl. 12–23 Uhr │ €€€

Molly's Yard   ► S. 139, südl. a 3

Eigenes Bier – Belfasts erste Kleinstbrauerei schenkt im Pub mitten im Studentenviertel im Süden ein. Das Bier wird inzwischen in Lisburns Hilden Brauerei hergestellt: Belfast Blonde, Molly's Chocolate Stour und Headless Dog gibt's aber nach wie vor frisch gezapft.

1 College Green Mews │ Tel. 0 28 90 32 26 00 │ www.mollysyard.co.uk │ Mo–Do 12–21, Fr–Sa 12–21.30 Uhr │ €

9 Mourne Seafood Bar

Meeresfrüchte pur – Der beste Ort für frische Austern und auch sonst hervorragende Fischküche – befindet sich doch das gemütliche Lokal gleich hinter einem Fischhändler.

34-36 Bank St │ Tel. 0 28 90 24 85 44 │ www.mourneseafood.com │ Mo–Do 12–21.30, Fr, Sa 12–16, 17–22.30, So 13–18 Uhr │ €€–€€€

Shu ► S. 28

10 White's Tavern

Älteste Taverne – Von Freitag bis Samstag gibt's in der ältesten Taverne Belfasts – bis 1630 geht ihre Geschichte zurück – Sessions mit traditioneller Musik, im oberen Stock legen DJs auf. Offener Kamin.

Belfast, 1–4 Wine Cellar Entry │ Tel. 0 28 90 24 30 80 │ www.whitetavern.co. uk │ trad. Pub-Öffnungszeiten │ €

EINKAUFEN

11 Wicker Man

Pullover, Schmuck oder Souvenirs, hier wird man fündig, wenn man Ausgefallenes mit irischem Touch sucht.

44-46 High St │ www.thewickerman. co.uk │ Mo–Sa 9.30–18, So 13–18 Uhr

KULTUR UND UNTERHALTUNG

CLUBS

Belfast Empire   ► S. 139, südl. a 3

In dieser umgestylten viktorianischen Kirche treten Bands auf, meistens Indie-Rock und Newcomer, aber auch renommierte DJ-Sets.

42 Botanic Ave │ Programm unter www. thebelfastempire.com │ Tel. 0 28 90 24 92 76

Limelight   ► S. 139, südl. a 2

Pub und Club in einem und ein Eldorado für Freunde von Independent Music britischer Provenienz.

17–19 Ormeau Ave │ Programm unter www.cdcleisure.net │ Tel. 0 28 90 32 70 07

OPER, MUSICAL, COMEDY

12 Grand Opera House

In der Victoria Street liegt das Grand Opera House & Cirque. Das 1895 eröffnete Theater ist ein fantasievoller Bau, der orientalische Stilelemente einbindet, eines der prachtvollsten Opernhäuser Europas. Neben – natürlich – Opern stehen auch Musicals und Comedy am Programm.

2-4 Great Victoria St │ Tel. 0 28 90 24 19 19 │ www.goh.co.uk │ Tickets Mo–Fr 9.30–17.30, Sa 12–17 Uhr

KINOS

Queen's Film Theatre ► S. 139, südl. a 2

Dieses Art-House-Kino mit den zwei Sälen ist die Location des Belfast Film Festival.

20 University Sq | Tel. 0 28 90 97 10 97 | www.queensfilmtheatre.com | Programm auf Anfrage

Ziele in der Umgebung

 ANTRIM ⚑ F 2

20 000 Einwohner

Auch die Hauptstadt der gleichnamigen Grafschaft empfiehlt sich für eine Entdeckungstour: Im Steeple Park steht ein fast vollständig erhaltener altirischer Rundturm aus dem 10. Jh. Die schönen Antrim Castle Gardens, angelegt im französischen Stil, erstrecken sich bis an die Ufer des Lough Neagh.

29 km nordwestl. von Belfast

SEHENSWERTES

Antrim Coast Road

Eine der schönsten Küstenstraßen Irlands, die schon 1834 angelegt wurde. Sie führt durch hübsche Dörfer wie Ballygalley oder Glenarm. Abzweigungen führen in die berühmten Glens of Antrim, neun an der Zahl: Jedes dieser Seitentäler hat einen eigenen Charakter: Hier wird Whiskey noch schwarz gebrannt, ein eigenständiger Dialekt gesprochen, und die Bauern betreiben Landwirtschaft wie vor 100 Jahren.

ÜBERNACHTEN

Galgorm Resort & Spa

Das beste Spa-Resort Nordirlands – es liegt gerade mal 30 Minuten von Belfast entfernt bei Ballymena am River Maine und offeriert neben luxuriösen Zimmern und einem wunderbaren Wellness-Bereich auch Appartements für Selbstversorger. Im Restaurant River Room isst man hervorragend mit Blick auf den Fluss.

Galgorm | 136 Fenaghy Road, Co. Antrim | Tel. 0 28 25 88 10 01 | www.galgorm.com | 75 Zimmer | ♿ | €€€

◎ GLENARIFF ⚑ F 2

Das wahrscheinlich romantischste der insgesamt neun Glens of Antrim, das schon als die »Schweiz im Kleinen« bezeichnet wurde. Im Glenariff Forest Park führt ein besonders schöner Weg, der schon vor 80 Jahren angelegt wurde, an drei Wasserfällen entlang. Das Besucherzentrum informiert über die Fauna und Flora des Parks.

www.discovernorthernireland.com

51 km nördl. von Belfast

◎ ARDS ⚑ G 3

Im Südwesten von Belfast liegt die Halbinsel Ards, die fast zur Gänze den Strangford Lough umklammert, einen Meeresarm, der in die Irische See mündet. Bei Strangford befindet sich auch das Strangford Lough Wildlife Centre. Einen großartige Aussicht über den Lough hat man vom Scraboo Tower auf einem 165 m hohen Hügel bei Newtownards.

25 km östl. von Belfast

SEHENSWERTES

Bangor

Lebendiger Ferienort am Belfast Lough vor den Toren Belfasts, mit vielen Restaurants und Souvenirshops. Sehenswert ist neben der verfallenen Abtei auch das North Down Heritage Centre, das unter anderem über die einst bedeutende Leinenproduktion in dieser

Gegend informiert. Schöne Strände liegen an der Ballyholme Bay und an der Helen's Bay.

Mount Stewart House

Klassizistischer Herrschaftssitz am Strangford Cough, 13 km südlich von Bangor, ist vor allem wegen seines herrlichen Landschaftsgartens berühmt ist. In dem 1921 angelegten Park ist der Tempel der Winde zu sehen, die Kopie eines Tempels aus dem antiken Athen.

Portaferry Rd, Newtonards | www. nationaltrust.org.uk | Öffnungszeiten auf Anfrage | Eintritt 7,30 €, Kinder 3,65 €

ESSEN UND TRINKEN
Jeffers by the Marina

Austernrestaurant – Der beste Platz, um Strangford-Lough-Austern zu essen.

Bangor, 7 Grays Hill | Tel. 0 28 91 85 95 55 | Di–Fr 10.30–22, Sa 10–22, So 10–20 Uhr | €€

◎ ARMAGH ⚑F3
14 600 Einwohner

Die Hauptstadt des »Bandit Country« – des Teils Nordirlands, in dem einst Mitglieder der IRA Unterschlupf fanden – hat lange Zeit stark unter den erbitterten Feindseligkeiten zwischen der protestantischen und katholischen Bevölkerung gelitten. Noch immer spürt man etwas von der inzwischen begrabenen Feindschaft an den beiden Kirchen: Sie stehen sich auf zwei Hügeln gegenüber – eine katholisch, die andere protestantisch, aber beide St. Patrick geweiht, der angeblich Armagh gegründet hatte.

64 km südwestl. von Belfast

SEHENSWERTES
Navan Centre and Fort

Emain Macha, seit dem 6. Jh. v. Chr. der Sitz der sagenumwobenen Könige von Ulster, aber bereits seit 1150 v. Chr. ein wichtiges rituelles Zentrum für ganz Irland. Im Besucherzentrum erfahren Sie mehr über die Bedeutung dieser bedeutenden archäologischen Stätte.

Navan Centre: Armagh, 81 Killylea Rd | www.armagh.co.uk | Jan.–März 10–16, April–Sept. 10–18.30, Okt.–Dez. 10–16 Uhr | Sommer: 6,20 €, Kinder 4,10 €, Winter: 5,15 €, Kinder 3,10 €

◎ BALLYCASTLE ⚑F1
4000 Einwohner

Ein hübscher Hafenort, von dem Sie nach Rathlin Island übersetzen können. In den 60 m hohen Kalksteinklippen der Insel nisten seltene Vogelarten. Sie finden auch Unterkünfte, ein Restaurant und ein Pub, auch nur ein Tagesausflug ist lohnend (Infos: www. rathlinballycastleferry.com).

🕐 Am besten besuchen Sie Ballycastle zur Ould Lammas Fair: Der Jahrmarkt findet seit 1606 jedes Jahr Ende August statt, dann können Sie an den Ständen Dulse, getrockneten Seetang, oder Yellowman, eine traditionelle Süßspeise, probieren.

90 km nördl. von Belfast

SEHENSWERTES
Carrick-a-Rede-Rope Bridge

Etwa sieben Kilometer nordwestlich von Ballycastle überspannt eine Hängebrücke eine steile Meeresenge. Einst diente sie den Lachsfischern der Gegend, um den Zug der Tiere zu beobachten und zu fischen. Heute ist sie eine Touristenattraktion, für die ziemlich wacklige Überquerung sollte man allerdings schwindelfrei sein.

Ballintoy | www.nationaltrust.org.uk/carrick-a-rede/ | tgl. 9.30–18 Uhr | Eintritt 5,60 €, Kinder 2,90 €

Wollen Sie's wagen?

30 m balanciert man über dem Meer, wenn man die Hängebrücke überquert: Bei stürmischem Wetter ein besonderes Abenteuer, weil die Brücke im Wind beträchtlich schwankt.

ESSEN UND TRINKEN

Cellar Restaurant

Vegetarisch und Fisch – Lachs, der an der Rope-Bridge gefangen wurde steht hier ebenso auf der Karte wie Lobster von Rathlin Island.

11 The Diamond | Tel. 0 28 20 76 30 37 | www.cellarballycastle.com | Juni-Aug. Mo–Sa 12–22, So 17–20, Sept.–Mai tgl. 17–22 Uhr | €€

◎ DOWNPATRICK   G 3

10 400 Einwohner

Die Kathedrale dieses Städtchens wurde dort errichtet, wo der hl. Patrick einst seine erste Steinkirche erbaut hatte, und hier soll er aber auch begraben sein. Mehr über sein Leben erfährt man im Besucherzentrum.

Am Fluss Quile, bei Struell stehen die Ruinen der Inch Abbey, eines Zisterzienserklosters aus dem 12. Jh. Badhäuser aus dem 17. Jh. sehen Sie hingegen bei den St. Patricks Quellen, den Heiligen Quellen.

Es ist nicht ganz ohne, in schwindelerregender Höhe auf der schwingenden Hängebrücke den Abgrund zu überschreiten (▶ S. 144).

Kathedrale: The Mall | www.downcathe-dral.org | Mo–Sa 9.30–16.30, So 14–17 Uhr
Saint Patrick Centre: 53A Market St | Mo–Sa 9.30–16, Juli, Aug. auch So 13–17 Uhr | Eintritt 4,95 €, Kinder 2,55 €
34 km südöstl. von Belfast

◎ LOUGH NEAGH   ⚓ G 3

Der Legende nach wurde der größte Binnensee der britischen Inseln – 400 qkm ist er groß – wie auch der Giant's Causeway (▶ S. 147) vom Riesen Finn McCool geschaffen: Ein Klumpen, den er aus dem Boden hob, woraufhin sich ein See bildete, und in die Irische See warf, soll heute die Isle of Man sein. Mehr über den See und seine Tierwelt erfährt man im Lough Neagh Discovery Centre (www.oxfordisland.com) auf Oxford Island.
40 km südwestl. von Belfast

◎ MOURNE MOUNTAINS   ⚓ G 4

An der Meeresbucht Carlingford Lough liegen zwei hübsche Orte: Warrenport und Rostrevor. Besonders Rostrevor hat noch einiges von seinem viktorianischen Flair. Im Norden erheben sich die Mourne Mountains. Der höchste Gipfel des Gebirgszuges ist der 850 m hohe Slieve Donard. Etwas weiter die Küste entlang, gen Osten kommen wir nach Kilkeel, Kapitale des »Kingdom of Mourne«, das noch ein bisschen Atmosphäre längst vergangener Zeiten hat.
(Kilkeel) 74 km südl. von Belfast

ESSEN UND TRINKEN
Restaurant 23

Speisen mit Aussicht – Kreative Küche im Balmoral Hotel, direkt am Wasser. Exzellentes Lamm und Beef.

Exotische Pracht in Nordirland. Die Parkanlagen rings um das klassizistische Mount Stewart House sind eine Symbiose aller Spielarten der Gartenkunst (▶ S. 144).

Warrenpoint, 13 Seaview | Tel. 0 28 41 75 32 22 | www.restaurant23warrenpoint. com | Öffnungszeiten auf Anfrage | €€

◎ NEWCASTLE   🏴 G 4
7500 Einwohner

Das Seebad an der Irischen See am Fuß des Slieve Donard, des höchsten Berges Nordirlands, ist nicht nur für seinen Sandstrand berühmt, sondern ebenso für den exklusiven Royal County Down Golf Club.

48 km südl. von Belfast

ÜBERNACHTEN/ ESSEN UND TRINKEN

Slieve Donard Resort & Spa

Am Golfplatz – Wenn Tiger Woods hier spielt, dann schläft er in diesem luxuriösen Hotel – natürlich mit Blick auf Strand und Golfplatz. Herrlicher Wellnessbereich mit 20-Meter-Pool.

Downs Rd | Tel. 0 28 43 72 10 66 | www. hastingshotels.com/slieve-donard-resort-and-spa/ | 178 Zimmer | ♿ | €€€

◎ PORTRUSH   🏴 F 1
6300 Einwohner

Ein Ferienort an der Nordküste mit viel englischem Flair. Im Dunluce Centre wird man über historische Mythen und Legenden aufgeklärt. Gleich nebenan liegt Portstewart, ebenfalls ein hübscher Ferienort mit einem langen Strand. Von hier führt der North Antrim Coast Path bis Murlough Bay.

108 km nördl. von Belfast

SEHENSWERTES

Dunluce Castle

Der Felsen, auf dem die Burg thront, war schon in frühgeschichtlicher Zeit eine Festung. Im 17. Jh. wurde die Burg allerdings aufgegeben, nachdem ein Teil, inklusive Gesinde ins Meer gestürzt war. Auf dem Friedhof nebenan sind die Seeleute der spanischen Galeone Girona begraben, die 1588 Schiffbruch erlitt und deren Wrack 1967 entdeckt wurde. Die Schätze des Schiffes sind im Ulster Museum ausgestellt.

87 Dunluce Rd | März–Okt. Mo–Sa 9.15– 16.45, So 12–16.45 Uhr, Nov.–Feb. Mo–Sa 10–15.30, So 12–15.30 Uhr | Eintritt 5 €, Kinder 3 €

Giant's Causeway   🏴 F 1

Der Legende nach soll sich der Riese Finn MacCool in eine Frau verliebt haben, die auf der schottischen Insel Staffa lebte: Um zu ihr zu gelangen, baute er einen Übergang – daran erinnern noch die Überreste hier und auf Staffa. 40 000 großteils sechseckige Basaltsäulen bilden den »Damm des Riesen«. Die höchste dieser Säulen, The Giant's Organ, ist rund 12 m hoch und wurde – wie die anderen – vor rund 60 Mio. Jahren durch das Abkühlen von heißer Lava gebildet.

Im neu geschaffenen Visitors Centre wird man über den Causeway, aber auch über die Tier- und Pflanzenwelt informiert. Mit 750 000 Besuchern jährlich ist der Causeway eine der Top-Attraktionen Irlands.

🕐 Genießen Sie den Morgen am Causeway: Vor 9 Uhr, wenn das Besucherzentrum öffnet, hat man die einzigartige Küstenlandschaft noch (fast) für sich.

44 Causeway Rd, Bushmills | Tel. 0 28 20 73 18 55 | www.nationaltrust.org. uk/giants-causeway/ | Besucherzentrum tgl. 9–18 Uhr | Eintritt 8,50 €, Kinder 4,25 €

96 km nördl. von Balefast

ÜBERNACHTEN

Albany Lodge Guest House

Viktorianisches Flair – Elegante Villa mit geräumigen, hellen Zimmern und Blick auf den Ozean.

2 Eglington St | Tel. 0 28 70 82 34 92 | www.albanylodge.net | 10 Zimmer | €€

ESSEN UND TRINKEN

55 Degrees North

Fisch mit Aussicht – Beeindruckend das Panorama und noch besser die Küche, besonders der frische Lachs.

1 Causeway St | Tel. 0 28 70 82 28 11 | www.55-north.com | Mo–Sa 12.30–15 u. 17–23, So 12–16 u. 17–19.30 Uhr | €€

EINKAUFEN

Old Bushmills Distillery ▶ S. 40

DERRY   ⚑ E 2

84 000 Einwohner

Vor nicht so langer Zeit gab die Aussprache des Stadtnamens noch Auskunft, ob man eher der protestantischen oder der katholischen Liga zugehörig war: Derry nannten die Katholiken die Stadt, Londonderry die Protestanten.

Die Geschichte der Stadt geht auf ein Kloster zurück, das der hl. Columba hier im 6. Jh. gegründet hat: Es stand auf einem Hügel in einem Eichenwald, auf Irisch: doire. Als die irischen Earls im Jahre 1607 aus dem Land flüchteten, übergab James I. die Stadt an Londoner Handelskompanien, die Protestanten ansiedelten und der Siedlung den Namen Londonderry gaben. In Derry sieht man noch immer am Rande des Bogside-Viertels im Westen der Stadt den Free Derry Corner (zwischen der Ferry St und der Rossville St). Der Slo-

gan »You are now entering Free Derry« prangt auf der Mauer und erinnert an die Zeit von 1969 bis 1972, als sich das Viertel für unabhängig erklärte und Selbstverwaltung praktizierte. 1972 war es allerdings auch Schauplatz des Bloody Sunday.

Unter dem Namen People's Gallery Murals sieht man im Stadtteil Bogside ein Dutzend Wandmalereien, die sich auf die Troubles beziehen, geschaffen zwischen 1997 und 2004 von den Einheimischen Kevin Hasson und Will und Tom Kelly. Kopien und Poster der Werke der drei Bogside Artists kann man in der People's Gallery & Studio (www.bogsideartists.com) in der Rossville Street erwerben (tgl. 9–18 Uhr). Das Museum of Free Derry gleich nebenan erzählt die Geschichte der Bogside und von »Free Derry«.

55–61 Glenfada Park | www.museum offreederry.org | Mo–Fr 9.30-16.30 Uhr, Sa (April.–Sept) 13–16, So (Juli–Sept) 13–16 Uhr | Eintritt 3 €, Kinder 2 €

SEHENSWERTES

❶ Stadtmauer

Die Stadtbefestigung ist bis zu 6 m breit, 8 m hoch und 1500 m lang und die best erhaltene Stadtmauer in Irland. Gebaut wurde sie zwischen 1614 und 1619. Zu sehen sind noch einige Kanonen aus dem 17. Jh. wie die wuchtige Roaring Meg aus dem Jahre 1642.

❷ St. Columb's Cathedral

1633 im neogotischen Stil erbaut, zeigen die prachtvollen Glasfenster die Geschichte der Belagerung von 1689.

London St | www.stcolumbscathedral. org | Sommer: Mo–Sa 9–17 Uhr, Winter: Mo–Sa 9–16 Uhr

Derry

0   300 m

N

St. Eugene's Cathedral
Great James St.
Strand Road
Queen's Quay
William St.
Little Diamond
Abbey St.
Rossville St.
Harbour Sq. Roundabout
Waterloo Place
Fahan St.
Chamberlain St.
Emigrant Statues
Magazine Gate
Harbour Museum
Guildhall
Joseph's Place
Castle Gate St.
Waterloo St.
Tower Mus.
Shipquay Gate
Craft Village
Lisfannon Pk.
Bloody Sunday Mem.
Butcher Gate
The Fifth Province
Shipquay St.
Bank Place
Foyle Embankment
Bogside
Fahan St.
Free Derry Corner
Royal Bastion
St. Augustine's Church
War Mem.
The Diamond
Rialto Theatre
Govt. Office
Westland St.
Lecky Rd.
Grand Parade
Society St. Within
Bishop St. Within
London St.
Fairnquay St.
Eastway
Orchard St.
Foyleside Shopping Centre
Double Bastion
County Court House
Pump St.
New Gate
Ferry Quay Gate
Foyle Street Urban Park
Long Tower Church (St. Columba's)
Bishop's Gate
Bishop St. Without
St. Columb's Cathedral
Artillery Bastion
Church Bastion
Bridge St.
Carlisle Rd.
Long Tower St.
The Fountain
Walpling Ln.
Hawkin St.
John St.
Foyle Rd.
Barrack St.
Bennett St.
Abercorn Rd.
Friendship Mon.
Bishop St. Without
Maureen Ave.
Bennett St.
Foyle Valley Railway Centre
Craigavon Bridge
Ivy Terrace
Foyle Rd.
River Foyle
Railway Station
Waterside
© MERIAN-Kartographie

MUSEEN UND GALERIEN

3 Tower Museum

In einem alten Wachturm erfährt man mehr über die Geschichte der Stadt bis in ihre jüngste Gegenwart. Sehenswert ist vor allem die Armada Shipwreck Exhibition, die die Geschichte von La Trinidad Valenciera, einem der größten Schiffe der spanischen Armada, erzählt, die 1588 vor Donegal sank und 1971 von Tauchern aus Derry etdeckt wurde.

Union Hall Pl | www.derrycity.gov.uk | Nov.–März Di–Sa 10–17, April–Okt. Mo–Sa 10–18, So 12–16 Uhr

ÜBERNACHTEN

Dungiven Castle ▶ S. 24

»Kein Aufgeben« – das war 1689 die Parole im protestantischen Derry bei der 105 Tage dauernden Belagerung der Stadt durch katholische Truppen (▶ S. 149).

ESSEN UND TRINKEN

Mange 2 ▶ S. 149, nördl. b 1

Europäisch – Irische Küche mit französischen Einflüssen gibt's in diesem hellen Lokal am Fluss.
Strand Rd | Tel. 0 28 71 36 12 22 | tgl. 12–15 u. 18–23 Uhr | €€

❹ Peadar O'Donnell's

Annodazumal – Alteingesessenes Pub, noch zur Hälfte Gemischtwarenhandlung. Jeden Abend gibt's Livemusik
63 Waterloo St | Tel. 0 28 71 26 72 95 | www.peadars.com/ | Mo–Sa 11.30–1.30, So 12.30–0.30 Uhr | €

EINKAUFEN

❺ Craft Village

Handgewebtes, Derry Crystal oder Schmuck kann man gleich neben dem Tower Museum in Derry kaufen.
Schipquay St | www.derrycraftvillage.com

Ziele in der Umgebung

◎ MUSSENDEN TEMPLE F 1

Auf einer Landzunge westlich des Städtchens Coleraine liegt die Ruine des 1780 erbauten Downhill Castle. Beeindruckendster Teil der Anlage ist der kreisrunde Mussenden Temple an einer steilen Felsklippe, den der Bischof von Derry bauen ließ. Weiter westlich liegt Magilllligan Strand, der längste Strand Irlands.

Coleraine | www.nationaltrust.org.uk/downhill-demesne-and-hezlett-house | April–Sept. 10–17 Uhr | Eintritt 4,27 €, Kinder € 2,13

45 km nordöstl. von Derry

◎ OMAGH E3
20 000 Einwohner

Besondere Souvenirs aus Omagh sind aus Torf hergestellte Statuen. Torfmoore – wie den Black Bog – findet man auch überall in der Umgebung von Omagh, der Hauptstadt von Tyrone.

55 km südl. von Derry

SEHENSWERTES

Ulster American Folk Park

Durch einen Schiffsbauch gelangt man von der Alten in die Neue Welt: Ein Coffin Ship, das einst vor der Hungersnot fliehende Auswanderer nach Amerika brachte, markiert symbolisch den Übergang von Europa nach Amerika. Im Museumsdorf wird mit Nachbauten von Schulen, Handwerker- und Wohnhäusern wie auch von Farmen und Blockhütten ein Eindruck vom Leben der Menschen in Ulster wie der Siedler jenseits des Ozeans vermittelt. Guides in historischen Kostümen gehören zu der authentischen Szenerie. Das Museum informiert über die Emigration aus Ulster: Alleine elf amerikanische Präsidenten hatten nordirische Vorfahren.

Omagh, Mellon Rd | www.nmni.com/uafp | März–Sept. Di–So 10–17, Okt.–Febr. Di–Fr 10–16, Sa, So 11–16 Uhr | Eintritt 7,50 €, Kinder 4,50 €

ÜBERNACHTEN/ ESSEN UND TRINKEN

Tullylagan Country House

Viktorianischer Chic – Südlich von Cookstown liegt dieses Landhaus mitten im Grünen. Wild oder Fisch stehen im Restaurant auf der Speisekarte.

Cookstown, 40b Tullylagan Rd | Tel. 86 76 51 00 | www.tullylagan.com | 15 Zimmer | €€

EINKAUFEN

Linen Green

In den früheren Moygashel Linen Mills erfahren Sie die Geschichte der Leinenproduktion der Gegend, können aber auch Produkte von jungen Designern erwerben oder im Deli on the Green eine Kleinigkeit essen.

Moygashel | www.thelinengreen.co.uk

◎ DIE SEENPLATTE D3–E4
Die Seen liegen auf den Gebieten der Countys Monaghan, Cavan und Fermanagh, das allein ist zu einem Drittel von Seen bedeckt ist. Auch für Hobbyschiffer ist das Gebiet ein ideales Refugium.

SEHENSWERTES

Marble Arch Caves

Ein ausgedehntes unterirdisches System von Tropfsteinhöhlen etwas außerhalb von Enniskillen gelegen, ist bei geführten Touren, inklusive einer unterirdischen Bootsfahrt, zu erkunden.

Florencecourt, Marlbank Scenic Loop | www.marblearchcaves.net | tgl. 10–16.30 Uhr | Eintritt 8,50 €, Kinder 5,50 €

EINKAUFEN

Belleek Pottery ▶ S. 39

Eine uralte Steinbrücke auf dem Anwesen Muckross im Killarney Nationalpark (▶ S. 156).

TOUREN
IN IRLAND

DUBLIN: MIT DEM BIKE AM LIFFEY ENTLANG

CHARAKTERISTIK: Eine Streiftour durch Dublin mit dem Fahrrad. **ANFAHRT:** Wir mieten uns bei einer der Verleihstellen von Dublin Bikes an der O´Connell Street ein Rad und geben es im Phoenix Park, am Eingang zum London Zoo, wieder zurück. **DAUER:** Halbtagestour. **EINKEHRTIPP:** L. Mulligan Grocer, 18 Stoneybatter, www.lmulligangrocer.com, Küche Mo–Fr ab 17, Sa, So ab 12.30 Uhr **AUSKUNFT:** www.visitdublin.com

Mit unserem Bike statten wir zuerst einer der literarischen Größen der Stadt einen Besuch ab: James Joyce, besser gesagt, seiner Statue, die an der Ecke O´Connell-Street/North Earl Street geduldig verharrt und immer für ein Foto bereit ist. Der Schöpfer von »Ulysses«, »Finnegan´s Wake« und »Dubliner« scheint mit süffisantem Lächeln und einem Rohrstock an der Hand fast darauf zu warten.

Von der O´Connell Street ▶ Liffey

Auf der O´Connell Street ist ein anderes Wahrzeichen Dublins zu sehen, aber schwer zu fotografieren: Stiletto in the Ghetto heißt »The Spire« auch. 123 m schraubt es sich in die Höhe. Die 2001 errichtete Stahlkonstruktion gilt als eine der längsten Skulpturen der Welt und hat auf dem Platz das Nelson-Denkmal ersetzt, das 1966 von der IRA in die Luft gesprengt wurde. Vom Hauptpostamt fahren wir die Henry Street westwärts über die Mary Street bis zum Wolf Tone Square. An seinem südlichen Ende ist das kleine National Leprechaun Museum zu finden, das sich den irischen Waldgeistern und der Sagenwelt der grünen Insel widmet. Noch zwei Querstraßen weiter südlich kommen wir an den Fluss Liffey, der Dublin in eine Northside und eine Southside trennt: Die Northside gilt als Working-Class-Gebiet, die Southside des Liffey als der bürgerliche Teil.

Stipvisiten in der Krypta und der Distillery

Nach den Four Courts, dem Gerichtsgebäude, biegen wir nach rechts in die Lower Church Street ein und kommen zur St. Michan's Church, an der wir halten. Sie ist die älteste Pfarrkirchen Irlands, die aber im 17. Jh. ihre heutige Gestalt erhielt. Unser Interesse gilt besonders ihren unterirdischen Gewölben. Aufgrund der besonderen mikroklimatischen Bedingungen wurden die Leichen in der Krypta mumifiziert. Zu sehen sind nicht nur mumifizierte Tote, sondern auch die Totenmaske des irischen Rebellen Wolfe Tone. Aber dann doch lieber wieder hinaus ans Licht und weiter mit dem Rad. Dracula-Schöpfer Bram Stoker soll übrigens die Krypta besucht und dabei Inspirationen für seinen Roman gefunden haben (www.stmichans.com).

Zurück zum Tageslicht, fahren wir die May Lane entlang und erreichen direkt die Old Jameson Distillery in der Bow Street. Die Brennerei ist zwar schon lange nicht mehr in Betrieb, die alten

Hallen verströmen aber bis heute Aromen, als entstünde hier noch das bernsteinfarbene Getränk. Bei einer geführten Tour wandert man durch die multimedial aufgepeppten Produktionsstätten, wo man die Mash-Tuns und Brennkessel und auch die Hallen, in denen der Whiskey einst reifte bewundern kann. (www.tours.jamesonwhiskey.com)

Smithfield Square ▶ London Zoo

Nach dem Abstecher in die Welt der Destillate radeln wir am Smithfield Square mit dem Gemüsemarkt vorbei nach Stoneybatter: Im L. Mulligan Grocer machen wir Halt und gönnen uns ein paar Austern und ein Pint aus einer irischen Privatbrauerei, bevor wir zum Peoples Garden weiterradeln: Das ist der östlichste Zipfel des Phoenix Park, rund drei Kilometer westlich des Zentrums im Norden des Liffey. Mit seinen 808 ha Fläche ist er einer der größten ummauerten Parks in Europa, durchzogen wird er von Straßen, Wander- und Radfahrwegen, durchstreift von wild lebendem Damwild. Der irische Präsident hat seinen Amtssitz hier ebenso wie der amerikanische Botschafter seine Residenz und die irische Polizei ihre Zentrale. Beim Eingang zum Dublin Zoo geben wir das Rad wieder zurück und – vielleicht nach einem Besuch des sehenswerten Tiergartens – fahren mit dem Bus wieder in die Stadt zurück.

INFORMATIONEN

Dublin Tourism, Suffolk St
St. Andrew´s Church: Mo–Sa 9–17.30, Juli–Aug. bis 19, So und an Feiertagen 10.30–15 Uhr

James Joyce setzte Dublin ein literarisches Denkmal, und die Dubliner haben sich revanchiert und setzen ihm ihrerseits ein Denkmal (▶ S. 154).

KILLARNEY: EIN SPAZIERGANG IN DEN NATIONALPARK 🚶

CHARAKTERISTIK: eine Wanderung von Killarney zum Muckross Lake **DAUER:** Tagesausflug **EINKEHRTIPP:** Garden Restaurant, Muckross Castle, Juli–Aug. tgl. 9–19, Rest des Jahres 9–17 Uhr €€ **AUSKUNFT:** www.killarneynationalpark.ie

---

Wir starten unsere Wanderung in Killarney und nehmen den Wanderweg in Richtung Middle Lake. Bald tauchen am östlichen Ufer des Sees die Ruinen von Muckross Abbey auf. Die Abtei wurde von den Franziskanern im 14. Jh. gegründet, jedoch schon bald darauf wieder aufgegeben. Eine besondere Ruhe strahlt immer noch der überwachsene Kreuzgang aus.

Zu Fuß oder auch mit einer Pferdekutsche, einem Jaunting Car, erreicht man durch eine ursprüngliche Parklandschaft von der Abbey aus **Muckross House** (die Pferdekutschenfahrt kostet rund 20 €). Das Herrenhaus wurde Mitte des 19. Jh. errichtet und ist im Besitz der Familie Herberts of Muckross, die wie viele andere durch den Kupferbergbau zu Reichtum gelangt ist. Muckross House mit seiner originalgetreuen Einrichtung lädt ebenso zu einem Besuch ein wie seine gepflegte Parkanlage. In den oberen Stockwerken sieht man, wie der Landadel einst gelebt hat, verwöhnt von den Dienstboten, die im Keller alles für die Herrschaften richteten. Die weitläufigen Gartenanlagen sind bekannt für ihre Azaleen und Rhododendren, den Wasser- und den Felsgarten. In Muckross House kann man auch originalgetreues Handwerk miterleben: Weben, Buchbinden und Töpfern.

Gleich neben dem House liegen die Traditional Farms, Nachbauten von unterschiedlichen Kerry-Gehöften aus den 1930er/40er Jahren, bevölkert von zahlreichen Hühnern, Pferden und Schweinen. Auch ein Schulhaus, wie es in der Region ab 1910 gebaut wurde, ist zu sehen.

Seit 1932 bildet Muckross House das Herzstück des Bourn Vincent Memorial Park und ist Teil des mittlerweile über 10 000 ha großen Killarney-Nationalparks.

Wir marschieren auf einem gut ausgebauten Wanderweg rund um den **Muckross Lake**, auf einer kleinen Landbrücke vorbei an Dinis Cottage und dem idyllischen Meeting of the Waters bis wir nahe der Kenmare Road (N 71) noch einen Abstecher zum kleinen Torc Waterfall machen können. Am Ostufer des Muckross Lake gelangen wir wieder zurück zum House. Im Garden Restaurant von Muckross House erholen wir uns bei einer Tasse Tee, einem Light Lunch oder etwas Stärkerem – wie einem geschmorten Rindersteak in Guinnesssauce – im Blickfeld die Torc und Mangerton Mountains oder der schöne ummauerte viktorianische Garten.

Von hier fahren wir mit dem Jaunting Car, einer leichten zweirädrigen Pferdekutsche, zurück nach Killarney oder machen auf dem Weg zurück noch einen Abstecher zum **Ross Castle** am Lower Lake. Vom einstigen Familiensitz der O'Donoghues aus dem 15. Jh. kann man mit kleinen Booten (hin und retour rund 5 €) auf die Insel Innisfallen inmitten des Sees übersetzen: Hier gründete der hl. Finian (der Aussätzige) im 7. Jh. ein Kloster. Ein Nachfolgebau aus dem 12. Jh. ist noch in Ruinen zu sehen. Um 1275 verfassten Mönche hier die Annalen von Innisfallen, die heute in der Bodleian Library in Oxford aufbewahrt werden. Einen schönen Blick auf See und Insel hat man von Ross Castle aus, bei dessen Eroberung sich Cromwells Truppen fast die Zähne ausgebissen haben. Heute kann man im Rahmen einer 40-minütigen Führung im Castle das Leben eines Chieftain hautnah nacherleben.

INFORMATIONEN

Muckross House & Gardens

Tel. 06 46 67 01 44 | www.muckross-house.ie | Juli, Aug. 9–19, Sept. Juni 9–17.30 Uhr | Eintritt 7,50 €, Kinder 4 €

Muckross Traditional Farms

Tel. 06 46 63 08 04 | Juni-Aug. tgl. 10–18, Mai, Sept. tgl. 13–18, April, Okt. Sa, So 13–18 Uhr | Eintritt 7,50 €, Kinder 4 €, mit Muckross House 12,50 €, Kinder 10,50 €

Ross Castle

Ross Rd | Tel. 06 46 63 58 51 www.heritageireland.ie | April–Sept. 9–17.45, Okt. u. März 9.30–17.45 Uhr | Eintritt 4 €, Kinder 2 €

National Park

– www.killarneynationalpark.ie
– www.heritageireland.ie/de/sudwesten

Mit einem Jaunting Car kann man sich stilecht durch die weite Parklandschaft nach Muckross House kutschieren lassen (▶ S. 156).

IM GLENVEAGH NATIONALPARK IM NORDWESTEN DER INSEL

CHARAKTERISTIK: eine Fahrt mit dem Auto zum Lough Gartan, in den Glenveagh Nationalpark, dort eine leichte Wanderung vom Visitor Centre zum Glenveagh Castle **DAUER:** Tagesausflug mit zweieinhalb Stunden Wanderung **EINKEHR-TIPP:** Lemon Tree, Letterkenny, 39 Lower Main St, Tel. 07 49 12 57 88, www.thelemon treerestaurant.com, Mo–Do 17–21.30, Fr, Sa 17–20, S0 13–14.30, 17–21.30 Uhr, €€ **AUS-KUNFT:** www.glenveaghnationalpark.ie

Wir beginnen unsere Tour in Letherkenny und fahren mit dem Auto auf der N 56 nach Nordwesten, in Richtung des Ortes Kilmecrennan. Nahe dem Mount Errigal, dem mit 752 m höchsten Berg Donegals, liegt der Glenveagh National Park, eine unberührte Moor- und Heidelandschaft, die sich über Teile der Derryveagh Mountains zieht. Hier fanden einst irische Partisanen Schutz.

Kern des Nationalparks ist der **Lough Veagh**, von einem eiszeitlichen Gletscher hinterlassen. Das Visitors Centre an der Nordspitze des Sees informiert mit Ausstellungen und einer audiovisuelle Vorführung über den Park.

Von hier marschieren wir entlang des Lough Veagh – mit herrlichen Ausblicken über den See – in Richtung **Glenveagh Castle**. Das 1870 im schottischen Stil für einen reichen Amerikaner erbaute Jagdschloss, wurde von seinem letzten Eigentümer Henry McIlhenny samt Park 1975 an die Nationalparkverwaltung verkauft. Die Räume können im Rahmen einer Führung besichtigt werden, doch unbedingt sollte man durch die Gärten spazieren. Man wird hier südländische Pflanzen und prächtige Rhododendren finden.

Nach der Wanderung zurück fahren wir über die R 251 zum **Lough Gartan**, 17 km westlich von Letterkenny. Hier soll der Legende nach der hl. Columba (auch: Colmcille oder Columkil), irischer Mönch und Patriarch der schottischen Kirche, um 522 geboren worden sein. Zu der von ihm gegründeten Klosterabtei gelangt man auf einem leichten Spaziergang; auch sein Geburtsort ist zu sehen, er ist durch ein Kreuz gekennzeichnet. Über das Leben und Werk des Heiligen informiert das Heritage Centre.

Wir fahren weiter in Richtung Letterkenny und kommen in das Dorf Churchill, wo wir die **Glebe House and Gallery** besuchen. Die Innenräume des 1828 erbauten kleinen Herrenhauses sind u. a. mit William-Morris-Textilien ausgestattet. Die vorzügliche Kunstsammlung umfasst Werke von Degas, Picasso, Kokoschka. Darunter auch Bilder des englischen Malers Derek Hill, der in den 50er Jahren auf Tory Island, einem abgelegenen Eiland vor der Küste Donegals, arbeitete und dort den einheimischen Fischern Malunterricht gab. Deren beeindruckende naive Malereien sind ebenfalls ausgestellt.

Auf der Weiterfahrt machen wir halt bei den **Newmills Corn and Flax Mills** am Südufer des River Swilly, 5 km westlich von Letterkenny. Hier treibt noch eines der größten Wasserräder Irlands zwei Mühlen an: eine für Getreide und eine für Flachs.

Schließlich erreichen wir **Letterkenny**, wo wir im Restaurant Lemon Tree einkehren: Hier erwartet uns eine hervorragende irische Küche mit französischen Einflüssen, Schwerpunkt Fischgerichte (Sonntag ist auch mittags geöffnet, sonst nur abends).

INFORMATIONEN

Nationalpark und Burg

Tel. 07 49 13 70 90 | www.glenveagh nationalpark.ie
– Besucherzentrum März–Okt. tgl. 9.30–18 Uhr

Glenveagh Castle

tgl. 10–17 Uhr | Schlossbesichtigung nur im Rahmen einer Führung | Erwachsene 5 €, Kinder 2 €, Gärten frei

Colmcille Heritage Centre

Tel. 07 49 13 73 06 | www.colmcille heritagecentre.ie, Mai–Sept. Mo–Sa 10.30–17, So 13–17 Uhr | Eintritt 3 €

Glebe House Gallery

Churchill | Tel. 07 49 13 70 71 | www. heritageireland.ie, Juli, Aug. tgl. 11–18.30, Juni, Sept. Sa–Do 11–18.30 Uhr | Eintritt 3 €, Kinder 1 €

Newmills Corn and Flax Mills

Churchill Road | Letterkenny | Tel. 07 49 12 51 15 | Ende Mai–Ende August tgl. 10–18 Uhr, Sept. Do–Mo 10–18 Uhr | Eintritt frei

Wie ein romantisches Landschaftsgemälde erscheint der Lough Beagh, der größte See des Glenveagh National Parks, im Norden Donegals (▶ S. 158).

NORDIRLAND: INSELHOPPING AM LOUGH ERNE

CHARAKTERISTIK: Tagestour rund um den Lower Lough Erne, an der Grenze zwischen Nordirland und Irland. Inseln, mystische Ruinen und rätselhafte Bildwerke, **DAUER:** Tagesausflug **ANFAHRT:** mit dem Auto, Übersetzen mit Fähren **EINKEHRTIPP:** Blake's of the Hollow: traditionelles viktorianisches Pub, freitags Trad-Sessions, Enniskillen, 6 Church St **AUSKUNFT:** www.discovernorth ireland.com/lake/ouds/

 E 3

Unsere Tour beginnt in Enniskillen, der Hauptstadt des nordirischen County Fermanagh. Die Stadt liegt idyllisch am River Erne, zwischen dem Upper und dem größeren Lower Lough Erne. Ihre einstige Bedeutung lässt die wuchtige alte Schleuse aus dem 16. Jh. erahnen, besonders aber **Enniskillen Castle**, das zwischen zwei Armen des Erne liegt. Das Castle ist seit jeher eine protestantische Hochburg an der Grenze zwischen dem katholischen und dem protestantischen Einflussbereich.

Wir verlassen die schmucke Stadt in Richtung Norden und fahren am Ostufer des mit unzähligen Inselchen übersäten Sees bis Trory Point, 5 km nordöstlich von Enniskillen: Von hier setzt eine Fähre nach **Devenish Island** über, die bekannteste der 97 Inseln des Lough Erne. Auf der Insel ragt zwischen den Ruinen der Augustinerabtei St. Mary, die im 6. Jh. vom hl. Molaise gegründet wurde, ein schöner Rundturm auf. Es ist einer der wenigen, in den man hinaufsteigen kann.

Wieder zurück auf dem Festland, fahren wir weiter gen Norden bis zur Fährstation, etwa 3 km nördlich von Lisnarick. Von dort bringt uns das Schiff nach **White Island**, wo wir eines der merkwürdigsten Kunstwerk der Insel entdecken: In einer Wand der Kirchenruine, die einst zu einer Abtei gehörte, sind sechs archaisch anmutende Statuen zu sehen, die vermutlich aus dem 9. oder 10. Jh. stammen und Heilige darstellen. Flankiert werden sie von zwei weiteren Skulpturen, einer Person mit ausgeprägten weiblichen Merkmalen und von einem steinernen Gesicht, über deren Bedeutung man nichts weiß.

Eine dritte Insel erreichen wir schließlich ohne Überfahrt mit einer Fähre: **Boa Island** ist durch zwei Brücken mit dem Festland verbunden. Auf dem Caldragh Cemetery, nahe der westlichen Brücke (Schilder beachten), findet man wie auf White Island etwas sehr Merkwürdiges: einen janusköpfigen Kultstein mit einem spitz zulaufenden Gesicht. Über sein Alter und seine Bedeutung weiß man wenig.

Einen Halt machen wir dann in **Belleek** an der Grenze zu Irland. Hier kann man der Belleek Pottery einen Besuch abstatten und im Shop das hier produzierte elegante Porzellan oder Kristallglas aus Galway kaufen.

Unsere Tour führt am Südufer des Lower Lough wieder in Richtung Enniskillen: 5 km östlich von Belleek liegen die völlig überwachsenen Ruinen von Castle Caldwell inmitten eines Parks mit schattigen Waldwegen. Entlang der Straße eröffnen sich immer wieder schöne Ausblicke auf den See oder auf die Cliffs of Magho, einen steilen Felsabbruch der Hochebene.

Bevor wir nach Enniskillen zurückfahren, besuchen wir noch **Castle Coole**: Es wurde zwischen 1789 und 1795 erbaut und ist vielleicht der schönste Herrensitz Irlands in klassizistischer Palladio-Architektur. Das Schloss kann im Rahmen einer geführten Tour besichtigt werden. Rundherum liegt ein wunderbar üppiger, 300 Jahre alter Park. Hier kann man bei einem Spaziergang den Tag ausklingen lassen

INFORMATIONEN

Devenish Island

Kontakt: Fermagh Tourist Centre | Tel. 02 86 63 20 11 | Ostern–Mitte Sept. tgl. 10–18 Uhr | Fähre von Trory Point | April bis Sept. um 10, 13, 15 und 17 Uhr | Ticket 3 €

White Island

Fähre 3 km nördlich von Lisnarick am Nordufer des Sees: Aghinver Boat Co. | Tel. 0 28 68 63 14 00 | Juli, Aug tgl. 11–18, April–Juni, Sa, So 11–17 Uhr | Ticket 4 €,

Castle Coole

Enniskillen, Dublin Rd | Tel. 0 28 66 32 26 90 | www.nationaltrust.org.uk/castle-coole/ | Juli, Aug. 11–17 Uhr, weitere Öffnungszeiten auf Anfrage | Eintritt Schloss 4,50 £, Kinder 1,80 £, Garten 2 £, Kinder 1 £

Viele Rätsel ranken sich um die archaischen Figuren auf der Boa Island im Lower Lough Erne. Vermutlich handelt es sich um keltische Kultsteine (▶ S. 160).

IRLAND
ERFASSEN

Auf Irlands Straßen muss man auf Überraschungen gefasst sein.

AUF EINEN BLICK

Hier erfahren Sie alles, was Sie über die Region wissen müssen – kompakte Informationen über Land und Leute, von Bevölkerung über Lage und Geografie bis Politik und Wirtschaft.

GEOGRAFIE

Europas drittgrößte Insel liegt im Atlantik, ist 486 km lang und 275 km breit und breitet sich auf einer Fläche von 84 421 qkm aus. Bergketten an der Küste umgeben eine weite fruchtbare Ebene, die weitgehend landwirtschaftlich genutzt wird. Der irische Name Éire (altirisch Ériu) stammt vom keltischen Wort für »üppiges Land«. Die Bezeichnung »Grüne Insel« hat aber auch eine andere Bedeutung. Einst war Irland von ausgedehnten Wäldern bedeckt, die aber ab dem 17. Jh. weitgehend ge-

rodet wurden. Die höchste Erhebung der Insel ist der Carrauntuohill (1041 m) in County Kerry.

Die Insel setzt sich aus vier Provinzen zusammen: Connaught, Leinster, Munster und Ulster, die sich wiederum in insgesamt 32 Grafschaften aufteilen (einschließlich sechs nordirischen).

POLITIK

In Dublin, der Hauptstadt Irlands, tritt das Oireachtas, das irische Parlament zusammen: Es wird aus dem Präsidenten, dem Oberhaus (Seanad Éireann)

◀ Die Oscar-Wilde-Statue am Merrion Square in Dublin (▶ S. 154).

und dem Unterhaus (Dáil Éireann) gebildet. Premierminister ist Kenny Enda (Fine Gael), Staatspräsident Michael D. Higgins. Die Regierung wird von einer Koalition aus Fine Gael und Labour Party gestellt.

Nordirland mit der Hauptstadt Belfast gehört zum Vereinigten Königreich Großbritannien und Nordirland. Es ist eine konstitutionell-parlamentarische Monarchie, Staatsoberhaupt ist die englische Königin. Die letzten regionalen Parlamentswahlen zur Northern Ireland Assembly 2011 gewannen die pro-britischen Democratic Unionist Party (30 %) und der republikanischen Sinn Féin (26 %). Erster Minister Nordirlands ist Peter Robinson von der DUP.

SPRACHE

Englisch und Irisch (Gaeilge) sind die beiden Amtssprachen in der Republik Irland. In Nordirland ist Englisch die Hauptsprache, es werden aber auch noch Irisch und Ullans, ein schottischer Dialekt verwendet. Gaelige ist eine keltische Sprache: Inzwischen hört man sie nicht mehr nur in den Gaeltacht (irischsprachigen Gegenden, vor allem im Westen der Insel), sondern landesweit: Rund 1,6 Mio. Menschen verwenden die Sprache als Zweitsprache, knapp 70 000 als Hauptsprache.

WIRTSCHAFT

Irland nahm im Zuge der Globalisierung und des EU-Beitritts einen enormen wirtschaftlichen Aufschwung was den Begriff »keltischer Tiger« prägte.

Die internationale Wirtschafts- und Bankenkrise 2008 sowie hausgemachte Probleme, etwa spekulative Bankengeschäfte und überdimensionierte Bauprojekte, haben dem Aufschwung erst einmal ein Ende bereitet. Irland schlüpfte unter den europäischen Rettungsschirm und konnte seine Probleme aber überraschend schnell meistern. Der traditionelle produzierende Sektor ist nach wie vor im Niedergang, dafür haben sich in den 90er Jahren – angelockt auch durch geringe Unternehmenssteuern – zahlreiche Big Player vor allem der Computerindustrie in Irland angesiedelt: internationale Konzerne wie Amazon, Apple, Google, Microsoft haben ihre Europazentralen vor allem nahe Dublin.

Seit der weitgehenden Beilegung des Nordirland-Konflikts Ende der 90er Jahre und einer größeren Nähe zur Republik ist die Wirtschaft in Nordirland im Aufschwung. Gerade Belfast hat sich von einer tristen Industriestadt zu einer modernen Metropole entwickelt, in der Tourismus eine zunehmend wichtige Rolle spielt.

AMTSSPRACHE: Irland: Englisch, Irisch (Gälisch); Nordirland: Englisch
BEVÖLKERUNG: Irland: 4,6 Mio. (Republik Irland); Nordirland: 1,8 Mio.
FLÄCHE: Irland: 70 282 qkm, Nordirland: 14 139 qkm
RELIGION: Irland: rund 86 % röm.-kath., Nordirland: 42 % protestantische Kirchen, 40 % röm.-kath.
WÄHRUNG: Irland: Euro (Irland), Nordirland Pfund Sterling

GESCHICHTE

Die jüngere Geschichte Irlands liest sich zum größten Teil als Kampf gegen die britische Herrschaft. Den Iren blieb daher nicht viel anderes übrig als die Flucht in die Vergangenheit. Sie fühlen sich den frühen mystischen Kulturen mit Leib und Seele verbunden.

Ab 10 000 v. Chr.

Auf der irischen Insel haben frühe Kulturen ihre Spuren hinterlassen: Weniger die mesolithischen Völker, die zwischen 10 000 und 8000 v. Chr. über eine Landbrücke aus Schottland einwanderten, als die Neolithiker, die mit Schiffen aus dem Süden kamen. Sie haben nicht nur im Norden von Dublin die gigantischen Ganggräber von Newgrange, Knowth und Dowth erbaut, sondern auch Ackerbau und Viehzucht auf die Insel gebracht.

500–300 v. Chr.

Die Gälen (der Name bedeutet eigentlich »Fremde«), ein keltisches Reitervolk, kam im 4. Jh. v. Chr. aus Frankreich und Spanien und verdrängten die einheimische Bevölkerung, die Firbolg (übersetzt »große Menschen«) und brachten ihre Kultur auf die Insel. Das gälische Gesetzeswerk »The Brehon Law« besaß bis ins 17. Jh. Gültigkeit, berühmt und zeitlos schön ist die kunstvolle Ornamentik und Schmuckgestaltung.

Im 3. Jh. war die Insel, zu der die Römer nie vorgedrungen sind, in fünf Provinzen aufgeteilt, die man in Irisch cúigi nannte: Leinster, Meath, Connaught, Ulster und Munster. Der gewählte Hochkönig hielt am Hill of Tara im Nordwesten von Dublin Hof, erließ Gesetze und sprach Recht (▶ S. 72).

10.-8. Jt. v. Chr.
Erste Besiedlung Irlands durch Völker, die wahrscheinlich über eine Landbrücke aus Schottland eingewandert sind.

4. Jt. v. Chr.

Um 400 v. Chr.
Das keltische Volk der Gälen bringt das Eisen mit, Ringforts werden gebaut.

Zweite Einwanderungswelle, die Megalithgräber entstehen.

5. Jh.

Das alles änderte sich 432 mit der Ankunft eines walisischen Mönchs, des hl. Patrick. Er wurde 432 vom Papst entsandt, um das Christentum auf der Insel zu verbreiten: Der neue Glaube stieß auf fruchtbaren Boden und vermischte sich mit alten keltischen Traditionen: Klöster, Horte von Kunst und Kultur, entstanden an alten Kultplätzen, ehemalige keltische Quellheiligtümer wurden zu Holy Wells und selbst keltische Feiertage wurden in der christlichen Mythologie übernommen: Samhain, eines der vier großen keltischen Feste, wurde zu Allerheiligen und gar zu Halloween. Das römische Alphabet wurde eingeführt und viele keltische Texte so festgehalten.

Doch währte die Blütezeit der frühchristlichen Klöster nur einige Jahrhunderte, denn immer wieder waren die Küstenregionen den Angriffen und Beutezügen der Wikinger ausgesetzt, die dort befestigte Siedlungen gründeten und ins Inland vordrangen: die Städte Waterford, Limerick und Dublin gehen darauf zurück.

1014–1171

Im Jahr 1014 ereignete sich bei Clontarf nahe Dublin eine Schlacht zwischen den irischen Truppen des Hochkönigs Brian Ború und den Truppen des Königs von Leinster, Máelmorda Mac Murchada, der mit Unterstützung der Wikinger seine Herrschaft vergrößern wollte. Mac Murchada wurde geschlagen, aber 1169 bat erneut ein König von Leinster, den normannischen Adeligen Richard Fitz Gilbert de Clare, Earl of Pembroke und Strongbow genannt, ihn bei der Eroberung Dublins zu unterstützen. Der findige Strongbow übernahm aber gleich die Kontrolle über die Stadt und erklärte sich nach dem Tod Mac Murchadas zum König von Leinster. Das weckte die Gier des normannischen Königs Henry II. von England, der angestachelt durch den Erfolg Strongbows, mit einer starken walisisch-normannischen Armee 1171 nach Irland übersetzte und sich zum Lord of Ireland erklärte. Die Herrscherklasse Irlands änderte sich: Die Anglo-Normannen errichteten Trutzburgen und wurden bald »irischer als die Iren«,

300 v. Chr.

Irland ist in rund 150 Kleinkönigreiche aufgeteilt, die sich gegenseitig befehden. Das Nationalepos »Táin Bó Cúailnge« (»Der Rinderraub von Cooley«) entsteht.

452 n. Chr.

6. und 7. Jh.

Zahlreiche Klöster werden gegründet, sie werden im »Goldenen Zeitalter« zu Zentren des Handwerks, von Handel und Kunst aber auch des Missionswesens.

Um 800 n. Chr.

Die Wikinger verwüsten Teile Irlands, gründen aber auch Städte wie Dublin, Limerick und Waterford.

Der hl. Patrick predigt den Iren das Christentum.

sehr zum Missfallen des englischen Königs. In den Statuten von Kilkenny wollte daher die Krone Heiraten zwischen Iren und Normannen ebenso verbieten, wie die irische Sprache und Bräuche. Umsonst: Bis ins 17. Jh. blieb auf der irischen Insel der Einfluss der englischen Krone auf die Küstenregionen im Osten und Südosten – The Pale genannt – beschränkt.

1534–1828

Erst mit den Tudors änderte sich das: 1534 ließ Henry VII. kirchlichen Besitz in Irland konfiszieren. Um Dublin protestantisch zu machen, gründete seine Tochter, Königin Elizabeth I. von England, 1592 das Trinity College als protestantische Universität und wandelte die katholischen Kathedralen St. Patrick's und Christ Church in protestantische Kirchen um. Im Land selbst ging sie Allianzen mit verschiedensten Partnern ein, um die katholische Elite zu schwächen: zuerst politisch, dann auch mit kriegerischen Mitteln. 1607 verließen die letzen aufmüpfigen Earls das Land in Richtung Frankreich.

In der Auseinandersetzung zwischen dem katholischen König Charles I. und dem protestantischen Parlament stellten sich die Iren auf die falsche Seite: Das siegreiche Parlament schickte in der Folge Oliver Cromwell nach Irland, einen verbissenen Iren- und Katholikenhasser, dessen Truppen das Land zwischen 1649 und 1651 verwüsteten, unzählige Kirchen und Schlösser zerstörten und Zehntausende Menschen massakrierten. Und es wurde nicht besser: Nachdem die Armee des katholischen König James II. den Truppen Wilhelm von Oraniens bei der Schlacht am Boyne 1690 unterlag, brachen noch dunklere Zeiten für Irlands Katholiken an: Sie wurden ihrer Bürgerrechte beraubt, durften kein Land erwerben, keine öffentlichen Ämter bekleiden, und lange Zeit wurde ihnen auch der Schulbesuch untersagt. Dem weitsichtigen irischen Politiker Daniel O'Connell – The Liberator genannt – gelang es erst 1828, für die Katholiken das passive Wahlrecht zu erstreiten. Er wurde als erster irischer Katholik ins Londoner Unterhaus gewählt.

1171

Der englische König Heinrich II. lässt Normannen, Flamen und Waliser Teile Irlands erobern und errichtet die »Lordschaft von Irland«.

1541

Heinrich VIII. erklärt sich zum König von Irland und wird Oberhaupt der protestantischen Church of Ireland.

1649

Oliver Cromwell beginnt einen Vernichtungsfeldzug gegen das katholische Irland.

1689

Der abgesetzte englische König James II. will mit Hilfe der katholischen Iren wieder an die Macht kommen, wird aber 1690 bei der Schlacht am Boyne von Wilhelm III. von Oranien vernichtend geschlagen.

1845–1849 Hungersnot und Exodus

Ab 1845 wurde auf vier Jahre in Folge die Kartoffelernte, und damit die Nahrungsgrundlage der Bevölkerung, durch eine Pilzkrankheit vernichtet:, Im Westen Irlands starben ganze Dörfer den Hungertod, wer noch die Kraft hatte, emigrierte oder zog zumindest in die Nähe großer Städte. »Sie kriechen zu Tausenden auf den Straßen umher und winseln um einen Bissen Brot«, schrieb ein Zeitzeuge. Selbst in Anbetracht allergrößter Not und Fällen von Kannibalismus weigerte sich London, Hilfe zu leisten und nicht nur das: Die Ausfuhr von Getreide und Vieh nach England ging unvermindert weiter. Wenn Bauern ihre Pacht nicht mehr zahlen konnten, wurden sie verjagt; ein Drittel der landwirtschaftlichen Flächen wechselte den Besitzer. The Great Famine – die große Hungersnot – forderte eine Million Tote, eine weitere Million Menschen oder mehr emigrierte – vor allem nach England oder Amerika. Um 1870 lebt rund ein Drittel der in Irland geborenen Menschen nicht mehr in Irland. Heute betrachten sich 40 Millionen Menschen weltweit als irischstämmig.

Mitte 19. Jh. Streben nach Unabhängigkeit

Am St. Patrick's Day 1858 gründete der Eisenbahningenieur James Stephens die Irish Republican Brotherhood, aus der sich später die IRA entwickelte. Terroranschläge in England führten aber weniger zu einem Umbruch als die weitsichtige Politik von W. E. Gladstone, dem britischen Premier ab 1868. Er nahm der protestantischen Church of Ireland ihre privilegierte Stellung, repräsentierte sie doch nur ein Sechstel der Bevölkerung. Grundbesitzern wurde es erschwert, Pächter von ihrem Land zu vertreiben. Unter den Iren setzte sich immer mehr die Idee durch, Irland von Irland aus zu regieren. »Home Rule« hieß die Parole.

Aber in den nördlichen Provinzen formte sich eine Opposition, die gegen jede Art von irischer Unabhängigkeit war: Den Befürwortern des Home Rule stand so eine starke Gegenpartei ge-

1845–1849 Der großen Hungersnot fällt eine Mio. Menschen zum Opfer. Beginn der massenhaften Auswanderung, besonders nach Amerika.

1921 Durch den Anglo-Irischen Vertrag wird die Insel geteilt, der Süden mit der Hauptstadt Dublin wird Freistaat im britischen Commonwealth. Nordirland erhält ein eigenes Parlament in Belfast, den Stormont.

1800 Irland wird im Act Of Union Teil des Vereinigten Königreichs.

1916 Der Osteraufstand wird niedergeschlagen.

genüber, die vom Dubliner Juristen Sir Edward Carson geführt wurde und sich mit insgesamt 440 000 Unterschriften gegen das Home Rule ausssprach.

1913 begannen die Ulster-Protestanten mit der Bewaffnung einer 100 000 Mann starken Freiwilligenarmee, der Ulster Volunteer Force, die dafür sorgen sollte, dass die britische Oberherrschaft bestehen blieb. Im Süden wurden die Irish Volunteers gegründet, die für die Home Rule eintraten. Mit dem Kriegseintritt Englands 1914 wurde das Home-Rule-Gesetz dann doch verabschiedet, das nach Ende des Ersten Weltkrieges in Kraft treten sollte.

1916 Osteraufstand in Dublin

Aber alles kam ganz anders: Am 24. April 1916 – Ostersonntag – schritten James Connolly, der Führer einer Miliz, Padraic Pearse und Eamon de Valera, ein junger Mathematiklehrer zur Tat: Sie waren allesamt Mitglieder der Partei Sinn Féin (übersetzt: »wir selbst«) und besetzten mit ihren Milizionären das Hauptpostamt in Dublin.

Pearse verlas dort eine von ihm verfasste Proklamation der Irischen Republik. Der sogenannte Osteraufstand wurde allerdings schnell niedergeschlagen. 64 Rebellen, 134 Soldaten und Polizisten und 220 Zivilisten fielen ihm zum Opfer, der Stadtkern Dublins lag in Schutt und Asche. Connolly und Pearse wurden hingerichtet. Aber die Sinn Féin und die Irish Volunteers – die nun Irish Republican Army hießen – führten den bewaffneten Kampf weiter.

1921–1937

Der Unabhängigkeitskrieg endete mit der Gründung eines irischen Freistaats, der am 6. Dezember 1921 auch vom britischen Premierminister Lloyd George anerkannt wurde. Die nördlichen Provinzen in Ulster blieben britisch, der Süden wurde ein eigener Staat. Dieser Anglo-Irish Treaty und viele ungelöste Probleme, besonders auch die wirtschaftliche Misere, entfachten erst recht einen Bürgerkrieg aus: Erst 1932 konnte der Frieden wiederhergestellt werden. 1937 verabschiedete Irland eine neue Verfassung. Gälisch wurde

Das Land wird Republik und tritt aus dem Commonwealth aus.

Am Bloody Sunday sterben in Derry/ Nordirland 14 Zivilisten im Polizeifeuer.

1922

1949

1972

In der Republik bricht zwischen Gegnern und Befürwortern des Vertrages ein Bürgerkrieg aus, der bis 1923 dauert.

1973

Irland tritt der Europäischen Gemeinschaft bei.

Nationalsprache, die katholische Kirche erhielt Sonderrechte und die Wiedervereinigung mit Nordirland wurde zum Staatsziel erklärt. Im Zweiten Weltkrieg war Irland neutral, aber geschätzt 70 000 Iren dienten bei den Westalliierten als Soldaten, um an der Seite britischer Truppen gegen Hitlerdeutschland in den Kampf zu ziehen.

1949 Irland wird unabhängig

Am Ostermontag wird Irland zur Republik erklärt und tritt aus dem Commenwealth aus.

1972 Bloody Sunday

In Norirland schwelt der Konflikt zwischen Katholiken und Protestanten. Unruhen erreichen 1972 durch das massive Eingreifen der englischen Armee mit »Blutigen Sonntagen« ihren ersten Höhepunkt. Britische Fallschirmjäger erschießen in Derry 13 Zivilisten. Die IRA überzieht Nordirland, dann auch England mit Terror. Erst 1998 wird ein Friedensvertrag (Good Friday Agreement) geschlossen, der eine Entwaffnung der IRA beinhaltet.

1973 Irland wird Mitglied der EG (EU)

Irland tritt 1973 der EG bei und erlebt bald einen längeren wirtschaftlichen Aufschwung.

1998 Karfreitagsabkommen

Die Mehrheit der Bevölkerung stimmt für ein Friedensabkommen zwischen der Republik und Nordirland. Irland verzichtet auf den verfassungsmäßigen Anspruch auf Nordirland.

2002

In Irland wird der Euro eingeführt. Der Premier Ahern übernimmt den Ratsvorsitz der EU.

2005

Die IRA vernichtet ihre Waffen, später schließen sich dem die Royalisten an.

2008–2013

Die internationale Banken- und Wirtschaftskrise setzt Irland stark zu. Irland erhält durch die EU Unterstützung, kann aber 2013 den »Euro-Rettungsschirm«.

2002
Der Euro ersetzt das Irische Pfund als Währung.

2007
Unionisten und Republikaner bilden gemeinsam eine Nordirische Regierung.

2008
Die Bankenkrise setzt Irland stark zu.

1994
Waffenstillstand in Nordirland, im Karfreitagsabkommen 1998 erhält das nordirische Parlament weitgehende Rechte.

2013
Irland verlässt den Europäischen Rettungsschirm.

Im Fokus
The Troubles – drei Jahrzehnte Gewalt

Troubles nennt man die Kämpfe während des Nordirlandkonflikts, der drei Jahrzehnte lang das Leben im Nordosten der irischen Insel beherrschte. Des blutigen Kampfes müde und nach zähen Verhandlungen ist Friede eingekehrt und eine neue Lebensfreude erwacht.

Der Nordirlandkonflikt hieß offiziell in Englisch »The Troubles«: in Nordirland herrschten dreißig Jahre lang Gewalt und Feindseligkeit, die sich auch in die Republik Irland und nach Großbritannien ausbreiteten. Während der Troubles wurden mehr als 3600 Menschen getötet – von republikanischen und unionistischen paramilitärischen Gruppen, aber auch durch die Sicherheitskräfte – und rund 50 000 Menschen wurden verletzt oder psychisch geschädigt. Erst das Good Friday Agreement 1998 brachte eine Einigung der Konfliktparteien, denen es immer um den Status Nordirlands ging: Die protestantische Mehrheit – die Unionisten – wollte Teil des Vereinigten Königreichs bleiben. Die katholische Minderheit – die Republikaner – wollte Teil der Republik Irland werden.

Begonnen hat alles mit einem Bürgerrechtsmarsch am 5. Oktober 1968 in Londonderry im Nordwesten von Ulster. Unterschwellig hatte es bereits vor 1968 Übergriffe und Auseinandersetzungen zwischen Katholiken und Protestanten gegeben. Dadurch sah sich die britische Ordnungs-

◄ Mit den Battles of Bogside in Derry (► S. 173)
begannen die Troubles in Nordirland.

macht genötigt, die Ruhe wieder herzustellen: 1969 wurde in Folge der dreitägigen Battle of the Bogside in Derry, während derer sich katholische Jugendliche und Ordnungskräfte gegenüberstanden, von der Regierung Militär entsandt, was die Situation nur verschärfte. The Bogside und die Nachbarviertel von Derry erklärten sich – inklusive der 33 000 Einwohner – als unabhängig von der Staatsmacht; die Ordnung innerhalb der Viertel wurde von IRA-Freiwilligen aufrechterhalten. Die Situation eskalierte, als 1971 die Internierungen eingeführt wurden, bei denen man vermeintliche Terroristen ohne Prozess einsperren konnte und vor allem, als im Januar 1972 in Free Derry 13 katholische Zivilisten durch ein britisches Fallschirmjägerkommando getötet wurden.

SPIRALE DER GEWALT

Dieser Bloody Sunday ging in die Geschichte ein und sorgte dafür, dass geheime Gespräche zwischen der Regierung und der IRA-Führung abgebrochen wurden. Nicht nur das: Die britische Regierung löste in der Folge das nordirische Parlament auf und regierte das Land direkt von London aus.

1969 hatte sich bereits die paramilitärische provisorische IRA von der »offiziellen« IRA getrennt. Sie beharrte strikt auf der Abspaltung von London sowie einem Anschluss an Irland und lehnte alle anderen Lösungsvorschläge ab. »The long war« – der lange Krieg – sollte dies durchsetzen, ähnlich wie es die Iren bereits während des Unabhängigkeitskampfes praktiziert hatten. Der radikale Flügel IRA versteifte sich auf den militärischen Kampf und bekam sofort Unionistische Widersacher: Die Ulster Defence Association (UDA) und die Ulster Volunteer Force (UVF) wollten mit allen Mitteln gegen einen Zusammenschluss Irlands kämpfen.

Die Kontrolle Nordirlands von London aus sollte nur eine kurze Maßnahme darstellen: Das Sunningdale Agreement sah 1973 eine Teilung der Macht zwischen Protestanten und Katholiken und eine maßgebliche Rolle der irischen Regierung in der Verwaltung der Region vor. Aber neben der britischen und der irischen Regierung nahmen nur drei Parteien an den Gesprächen teil: Die Ulster Unionist Party (UUP), die Social Democratic and Labour Party (SDLP) und die Alliance Party. Die Democratic Unionist Party (DUP) unter dem Hardliner Pastor Iain Paisley lehnte Gespräche ab, die paramilitärischen Gruppen waren nicht eingeladen. So waren die Gespräche zum Scheitern verurteilt. Ein Generalstreik, legte Nordirland lahm. Doch die Grundidee war gut – und wurde die Basis des Karfreitagsabkommens 25 Jahre später.

IN ZEITEN DES TERRORS

Bedauerlicherweise regierte zunächst wieder die Gewalt: 1978 wurde der britische General Mountbatten mit seiner Jacht vor der Küste Donegals von der IRA in die Luft gesprengt, die Paramilitärs weiteten ihren Kampf dann in den Städten Großbritanniens aus. 1981 starben Bobby Sands, Parlamentsmitglied der Sinn Féin, des politischen Arms der IRA, ebenso wie neun andere Republikaner und potenzielle IRA-Terroristen im Maze-Gefängnis bei einem Hungerstreik, mit dem sie den Status als politische Gefangene erreichen wollten. Schießereien zwischen katholischen und protestantischen Stadtvierteln waren an der Tagesordnung; in den Städten Nordirlands wurden Mauern aufgezogen. Nicht nur auf den Straßen Belfasts, sondern auch in den Städten Großbritanniens gingen regelmäßig Bomben hoch – ein Teil der Innenstadt Belfasts wurde zur Fußgängerzone erklärt, um die Detonation von Autobomben unmöglich zu machen. Hass und Terror regieren.

Eine Lösung der verfahrenen Situation sollte das Anglo-Irish Agreement 1985 bringen. Dabei wurde einerseits vereinbart, dass Irland eine beratende Funktion in Nordirland hat, andererseits, dass die nordirische Verfassung nicht geändert werden dürfe (durch einen Zusammenschluss mit Irland), ohne dass die Mehrheit der Nordiren abgestimmt hat. Vor allem die Unionisten lehnten dieses Abkommen ab: Sie wollten keinen Einfluss Irlands, keine Machtteilung im Norden. Die republikanische Sinn Féin hatte sich hingegen auf eine Doppelstrategie festgelegt: einerseits Untergrundkampf durch die IRA, andererseits politische Erfolge bei Wahlen.

Erst 1994 und Hunderte Tote später, erkannte die Sinn Féin Parteiführung, dass der lange Krieg unmöglich zu gewinnen war. Sie beschloss einen Waffenstillstand. Zum Glück war auch die britische Militärführung zu der Erkenntnis gekommen, dass militärische Mittel keinen Erfolg bringen.

FRIEDENSGESPRÄCHE

1996 begannen Friedensgespräche zwischen allen involvierten Parteien und dem umsichtigen Vermittler George Mitchell, einem US-Senator, der von Bill Clinton persönlich mit der Aufgabe betraut worden war. Das Good Friday Agreement, das Karfreitagsabkommen vom 10. April 1998, war das Ergebnis. Und das nordirische Parlament im Stormont vor den Toren Belfasts nahm wieder seine Arbeit auf. Kern des Abkommens war folgender Konsens: Eine Vereinigung Irlands konnte nur stattfinden, wenn in beiden Teilen der Insel in separaten Volksabstimmungen die Mehrheit der Bevölkerung dafür stimmt.

Ungelöst war nur noch die Frage, was mit den Waffen der Bürgerkriegsparteien geschehen soll: Streitereien darüber führten dazu, dass Nordirland zwischen 2002 und 2007 wieder direkt regiert wurde. 2007 einigten sich auch die beiden größten Parteien der beiden Lager – DUP und Sinn Féin – auf eine Gewaltenteilung. Iain Paisley (DUP) – bis dato als »Dr. No« bekannt, weil er strikt gegen eine Beteiligung der Katholiken an der Macht war, wurde First Minister Nordirlands. Noch ein paar Jahre zuvor wäre das unmöglich gewesen. Paisley forderte, dass die IRA alle ihre Waffen abzugeben habe, und Gerry Adams weigerte sich, dem Police Board beizutreten, der die Arbeit der nordischen Polizei überwacht. Inzwischen sind das alles keine Themen mehr. So ändern sich die Zeiten. Beide Parteien wurden auch 2011 von den Wählern – Unionisten und Republikanern – zu den stärksten ihrer jeweiligen Lager gewählt. Was zeigt, dass Protestanten und Katholiken – vorerst – mit der Situation zufrieden sind. Die alte Führungsriege ist inzwischen abgetreten: Iain Paisley hat sich aus der Politik zurückgezogen, Gerry Adams wurde 2011 in County Louth in der Republik Irland ins irische Parlament gewählt.

MURALS

Mehr über The Troubles erfährt man in Museen wie dem Ulster Museum in Belfast. Sehr zu empfehlen ist aber eine Black Taxi Tour, die zur Peace Line am Cupar Way in Belfast führt. Das ist eine 5 m hohe, stacheldrahtbewehrte Mauer zwischen den protestantischen und katholischen Vierteln. In diesem Gebiet entstanden seit 1970 mehr als 2000 Wandmalereien (Murals): Rund um die katholische Falls Road sieht man einige der schönsten und ältesten, die 1981 gemalt wurden, als Bobby Sands in Folge seines Hungerstreiks starb, aber auch irische Mythen oder der Osteraufstand von 1916 sind thematisiert. Loyalistische (oder unionistische) Wandmalereien an der protestantischen Shankill Road haben militärische Motive oft mit der Parole »No Surrender« kombiniert. Mittlerweile ist eine Reihe von unpolitischen Motiven zu sehen, wie zum Beispiel Nordirlands-Fußballnationalheld George Best, bei dessen Begräbnis 2005 mehr als 70 000 Menschen ihm ihr Geleit gaben. Infos: Official Black Taxi Tours: www.belfasttours.com.

KULINARISCHES LEXIKON

A

ale – obergäriges Bier
almonds – Mandeln

B

bacon – Speck
beef – Rind
bill – Rechnung
bitter – helles bitteres Bier
black pudding – Blutwurst
boiled eggs – gekochte Eier
braised – geschmort
bream – Brasse
brown bread – Vollkornbrot

C

cabbage – Kohl
cauliflower – Blumenkohl
cereals – Frühstücksflocken, Müsli
cheddar – würziger Hartkäse
cheque – Rechnung
chicken – Hähnchen
chips – Pommes frites
chop – Kotelett
chowder – Fischsuppe mit Schalen-
    tieren
cider – Apfelmost
clams – Venusmuscheln
cod – Kabeljau
corn – Mais
crab – Krebs
crisps – Kartoffelchips
cucumber – Gurke
cutlet – Kotelett

D

decaffeinated – koffeinfrei
deep fried – frittiert
dish of the day – Tagesgericht

draught beer – Bier vom Fass
Dublin coddle – Eintopf mit Wurst,
    Speck, Kartoffeln und Zwiebeln
dumplings – Klöße

E

eel – Aal

F

fish and chips – frittierter Fisch mit
    Pommes frites
fork – Gabel
fried eggs – Spiegeleier

G

game – Wild
gammon – geräucherter Schinken
garlic – Knoblauch
garnished – mit Beilagen
gateau – Torte

H

haddock – Schellfisch
halibut – Heilbutt
ham – gekochter Schinken
herbs – Kräuter
herring – Hering
horseradish – Meerrettich
hot dish – scharf gewürztes Gericht

I

Irish coffee – Whiskey mit heißem
    Kaffee, Rohrzucker und Sahne
Irish stew – Eintopf mit Lamm, Kar-
    toffeln, Zwiebeln und Petersilie

J

jellied – in Aspik
joint – Keule

K

kidney – Nieren
kipper – geräucherter Hering

L

lager beer – helles Bier
lamb – Lamm
lettuce – grüner Salat
liver – Leber
loin – Lendenstück

M

marinated – mariniert
mashed potatoes – Kartoffelpüree
mint sauce – Minzsauce (zu Lamm)
mustard – Senf
mutton – Hammelfleisch

O

onions – Zwiebeln
oysters – Austern

P

parsley – Petersilie
pastry – Gebäck
peas – Erbsen
peppers – Paprikaschoten
pheasant – Fasan
pickles – sauer eingelegtes Gemüse
pie – Pastete
pike – Hecht
pike-perch – Zander
pint – 0,57 Liter Bier
plaice – Scholle
poached salmon – gedünsteter Lachs
pork – Schweinefleisch
porridge – Haferbrei
porter – dunkles süßlicheres Bier
poultry – Geflügel
prawns – Garnelen

R

rabbit – Kaninchen

raisins – Rosinen
rashers – Frühstücksspeck
raspberries – Himbeeren
red cabbage – Rotkohl
red mullet – Rotbarbe
roast – Braten
roll – Brötchen

S

salmon – Lachs
scallop – Kamm-Muschel
scrambled eggs – Rührei
service charge – 10–15 % Aufschlag für
    Bedienung
set price lunch/dinner – Menü-
    angebot, drei Gänge
shepherd's pie – Fleischauflauf mit
    Kartoffelbreikruste
skate – Rochen
slice – Scheibe
smoked – geräuchert
sole – Seezunge
soup – Suppe
spicy – herzhaft gewürzt
spinach – Spinat
spirits – Sprituosen
stew – Eintopf
stout beer – dunkles stärkeres Bier
strawberries – Erdbeeren
stuffed – gefüllt

T

trout – Forelle
tuna – Thunfisch

V

veal – Kalbfleisch
vegetables – Gemüse
vinegar – Essig

W

whipped cream – Schlagsahne
white cabbage – Weißkohl

SERVICE

Anreise

MIT DEM AUTO UND DER FÄHRE

Unter www.discoverireland.com findet man eine komplette Liste über die Fährverbindungen von und nach Irland. Vom Kontinent aus fahren die Fähren von Cherbourg (Frankreich) nach Rosslare im Südosten Irlands (weitere Infos über Fährverbindungen: www.irishferries.com).

MIT BAHN UND BUS

Mit der Bahn bzw. mit der Fähre kann man von allen deutschen, österreichischen und Schweizer Bahnhöfen (über London) nach Dublin fahren. Infos über www.bahn.de, www.oebb.at oder www.sbb.ch. Eurolines (www.euro lines.com) bietet eine Bus- und Fährverbindung von London Victoria Station nach Dublin Busáras an.

MIT DEM FLUGZEUG

Dublin und Cork, aber auch Shannon (bei Limerick) werden von den wichtigsten großen und einer Reihe von kleinen Flughäfen aus direkt angeflogen. Die meisten Verbindungen haben die beiden irischen Carrier Ryanair (u. a. von Frankfurt/Hahn, Berlin-Schönefeld, Düsseldorf Weeze und Memmingen/München-West, www. ryanair.com) und Aer Lingus (Berlin-Schönefeld, Düsseldorf, Hamburg, München, Wien und Zürich, www.aerlingus.com) anzubieten. Die Lufthansa fliegt ebenfalls Irland an.

Belfast International und George Best Belfast City Airport werden meist nur von britischen Flughäfen aus bedient: Für einen Besucher der Stadt aus D, A oder CH empfiehlt es sich, Dublin anzufliegen und mit einem Mietwagen, mit der Bahn oder dem Bus nach Belfast zu fahren.

Auskunft

IN DEUTSCHLAND, ÖSTERREICH UND DER SCHWEIZ

Tourism Ireland

– Gutleustr. 32, 6 03 29 Frankfurt/Main | Tel. 0 69 66 80 09 50 | www.discover ireland.com/de

– Argentinierstr. 2–4, 10 40 Wien | Tel. 0 15 01 59 60 00 | www.discoverireland. com/at

– Badenerstr. 15, 80 04 Zürich | Tel. 04 42 10 41 53 | www.discoverireland. com/ch-de

Buchtipps

Heinrich Böll: Irisches Tagebuch

Bölls Irisches Tagebuch, 1957 erstmals veröffentlicht, hat bis heute das Bild der Deutschen von der »Grünen Insel« geprägt. Zum fünfzigjährigen Jubiläum ist eine mit vielen unveröffentlichten Materialien und Fotos versehene Neuausgabe erschienen, die nach wie vor erhältlich ist. Zahlreiche Briefe und von Böll aufgenommene Fotos zeugen von der Faszination, die Achill Island bis zu seinem Lebensende auf ihn ausübte.

Kiepenheuer & Witsch, 2007

Roddy Doyle: Henry der Held
Die Geschichte eines Dubliner Slumkids, das als Jugendlicher mitten in die Revolutionsjahre von 1916 bis 1922 schlittert. Farbenfroh geschildert von Roddy Doyle, der auch mit »The Commitments« der Dubliner Jugend (und Musik) der 80er Jahre ein Denkmal setzte. Fischer Taschenbuch Verlag, **2009**
Eine Fortsetzung von Henry der Held – »Die Rückkehr des Henry Smart« ist 2013 bei Hanser erschienen.

Frank McCourt: Die Asche meiner Mutter
Eine Kindheit in Limerick: Der Klassiker von Frank McCourt (1930–2009) erklärt – bis heute gültig und eindringlich–, warum Iren zu Millionen auswanderten und doch immer in Irland verwurzelt blieben. »Schlimmer als die gewöhnliche unglückliche Kindheit ist die unglückliche irische Kindheit … Schlimmer noch ist die unglückliche katholische irische Kindheit.« schreibt Frank McCourt in »Angela's Ashes«, so der Originaltitel.
Luchterhand Literaturverlag, 2013

City Card
Der Dublin Pass gewährt die kostenlose Fahrt mit dem Flughafenbus, Aircoach, freien Eintritt in mehr als 30 Museen und Vergünstigungen bei bestimmten Stadtführungen, im Abbey Theatre und an anderen Veranstaltungsorten. Der Dublin Pass kostet für einen Tag 35 € (Kinder 19 €), 2 Tage 55 € (Kinder 31 €), 3 Tage 65 € (Kinder 39 €).
Auch Belfast hat ein ähnliches Angebot: Der Belfast Visitor Pass gewährt die kostenlose Nutzung des öffentl. Nahverkehrs und 90 Spezialtarife in Sites, Restaurants und Bars. Der Pass kostet für einen Tag 6,50 € (Kinder 4 €), 2 Tage 10,50 € (Kinder 6 €) und 3 Tage 14 € (Kinder 7,75 €).
In der Republik Irland ist die Heritage Card empfehlenswert: Sie ist ein Jahr gültig und erlaubt Gratis-Eintritt in den zahlreichen Einrichtungen von Heritage Ireland. Für Erwachsene kostet sie 21 €, für Kinder 8 €.

Diplomatische Vertretungen
Deutsche Botschaft in Dublin
31 Trimleston Ave. | Booterstown, Blackrock, Co. Dublin | Tel. 0 12 69 30 11

Deutsches Konsulat in Belfast
Chamber of Commerce House | 22 Great Victoria St, Belfast | Tel. 0 28 90 24 41 13

Österreichische Botschaft
93 Ailesbury Road | Dublin 4 | Tel. 0 12 69 45 77

Schweizer Botschaft
6 Ailesbury Road | Ballsbridge | Dublin 4 | Tel. 0 12 69 25 15

Schweizer Konsulat in Belfast
54 Priory Park | Tel. 0 77 33 59 55 95.

Feiertage
(wenn nicht anders erwähnt, gelten die Feiertage für Irland und Nordirland)
1. Januar New Year's Day
17. März St. Patrick's Day

Karfreitag Good Friday (kein echter Feiertag, wird aber in Irland weitgehend eingehalten)
Ostermontag Easter Monday
1. Mo im Mai Bank Holiday
letzter Mo im Mai Spring Bank Holiday (Nordirland)
1. Mo im Juni Bank Holiday (Irland)
12. Juli Orangeman's Day (Nordirland)
1. Mo im August Bank Holiday (Irland)
letzter Mo im August August Holiday (Nordirland)
letzter Mo im Oktober Bank Holiday (Irland)
25./26. Dezember Christmas

Geld

1 £ . . . . 1,2 €
1 £ . . . . 1,47 SFr
1 € . . . . 0,82 £
1 SFr . . . . 0,68 £

Links/Apps

www.discoverireland.com
Website der irischen Fremdenverkehrszentrale. Informationen über Unterkünfte, Veranstaltungen, Sehenswürdigkeiten etc.; Buchung von Hotelzimmern und B&B.
www.discovernorthernireland.com
Hier kann man sich zusätzlich über Ferien in Nordirland informieren.
www.gotobelfast.com
Portal für Ferien in und um Belfast.
www.irishtrails.ie
806 (!) Wander- und Biketouren in ganz Irland, darunter auch alle Rund- und Weitwanderwege.
www.visitdublin.com
Veranstaltungen, Öffnungszeiten etc. für Dublin, dazu nützlicher Gratis-App für Iphone und Android-Handys, der über Sehenswürdigkeiten, Restaurants und Hotels informiert.
Unter B&B Ireland gibt es 1100 Adressen von B&Bs im ganzen Land, einschließlich Nordirland (im App-Store). Der Ireland Green Guide zeigt Tipps für nachhaltigen Urlaub inklusive Übernachtungsmöglichkeiten und Restauranttipps (Apple und Android).

Medizinische Versorgung

Die Europäische Krankenversicherungskarte, die von der Krankenkasse ausgestellt wird, ist vor der Reise einzuholen. Diese berechtigt bei Ärzten und in Krankenhäusern – sofern sie einen Vertrag mit der irischen Krankenkasse haben – zu kostenlosen Behandlungen. und ist direkt beim Arzt oder im Krankenhaus vorzulegen. Unabhängig davon wird dringend empfohlen, für die Dauer des Auslandsaufenthaltes eine Auslandsreise-Krankenversicherung abzuschließen, die Risiken abdeckt, die von den gesetzlichen Kassen nicht übernommen werden (z. B. notwendiger Rücktransport nach Deutschland im Krankheitsfall, Behandlung bei Privatärzten oder in Privatkliniken).
Schweizer Bürger müssen die Behandlungskosten selbst tragen.
In Nordirland sind wie überall in Großbritannien Behandlungen in den Accident & Emergency-Abteilungen der Krankenhäuser kostenlos.

KRANKENHÄUSER
– Dublin: St. James Hospital (www.stjames.ie) und das Beaumont Hospital (www.beaumont.ie),
– Belfast: Belfast City Hospital (www.belfasttrust.hscni.net). ££

Nebenkosten

1 Tasse Kaffee	2,50 €
1 Pint Bier (0,6 l)	4,50 €
1 Glas Coca-Cola	3 €
1 Taxifahrt (pro km)	1,20 €
1 Liter Benzin	1,50 €
Mietwagen/Tag	ab 20 €

Notruf

999 für Polizei, Rettung und Feuerwehr in Irland und Nordirland.

Post

Briefmarken erhält man in Souvenirshops und Postfilialen. Porto für eine Ansichtskarte/einen Brief in die EU und die Schweiz 0,90 €, in Nordirland 0,80 £. Briefkästen sind in Irland grün, in Nordirland rot.

Reisedokumente

Wenn man weniger als drei Monate in der Republik Irland oder in Nordirland bleibt, benötigen Deutsche, Österreicher und Schweizer einen mindestens sechs Monate gültigen Reisepass oder Personalausweis. Auch Kinder benötigen einen eigenen Reisepass. Fährt man mit dem Auto/Mietwagen, genügt ein nationaler Führerschein.

Reiseknigge

Rauchen ist im Freien erlaubt, in Pubs und Restaurants gibt es dafür oft einen Hinterhof. Trinkgeld ist in Restaurants mitunter im Rechnungspreis inkludiert, wenn nicht, sind rund 10 % üblich (ebenso bei Taxis). Holt man sich sein Pint in einer Bar am Tresen, dann ist kein Trinkgeld fällig. Ein Pint sind übrigens 0,6 Liter Bier, Half Pint die Hälfte.

Irlands Pubs dürfen von Montag bis Samstag ab 10.30 and Sonntags ab 12 Uhr öffnen. Pubs mit einer Bar-Lizenz können Donnerstag bis Samstag bis 2.30 geöffnet haben.

In Nordirland gilt: Montag bis Samstag 11.30 bis 23 Uhr, Sonntags 12.30 bis 22 Uhr, Pubs mit einer Late Licence dürfen Montag bis Samstag bis 1 Uhr öffnen, Sonntag bis Mitternacht. An den Wochenenden schenken Late Bars bis 1.30 und Nachtclubs bis 2.30 Uhr aus. An Sonntagen schließen sie um 1 Uhr.

Reisezeit

Das irische Klima wird geprägt von milden Wintern und kühlen Sommern, die Temperaturen schwanken zwischen durchschnittlich 8,8 °C im Januar und

Klima (Mittelwerte)

	Januar	Februar	März	April	Mai	Juni	Juli	August	September	Oktober	November	Dezember
Tages-temperatur	7	8	10	13	15	18	20	19	17	14	10	8
Nacht-temperatur	1	2	3	4	6	9	11	10	9	6	4	3
Sonnen-stunden	2	3	3	5	6	6	5	5	4	3	2	2
Regentage pro Monat	13	10	10	11	10	11	13	12	12	11	12	14

20.2 °C im Juli. Mai und Juni sind die sonnigsten Monate, Mai bis September gilt als die ideale Reisezeit.

Sicherheit

Die Städte in Irland, allen voran Dublin, sind weitgehend sicher, die Kriminalität Touristen gegenüber hält sich in Grenzen.

Und obwohl Belfast oder Derry heute genauso sicher ist wie jede andere Stadt in Großbritannien, sind von Besuchen verschiedener Stadtviertel zu Zeiten des Oranjemarsches (um den 12. Juli) vorsichtshalber abzuraten.

Stadtführungen

Dublin Bus Tours veranstaltet verschiedene geografische und/oder thematische Stadtrundfahrten (www.dublinbus.ie).

Tagesausflüge von den größeren Städten aus zu den wichtigsten Sehenswürdigkeiten Irlands werden von Bus Éireann (www.buseireann.ie) in der Republik und von Ulsterbus Tours (www.ulsterbus.co.uk) in Nordirland angeboten.

Strom

Die Normalspannung beträgt 220 bis 240 Volt, Steckdosen verlangen aber meist dreipolige Stecker.

Adapter gibt es im Elektrohandel meistens auch im Hotel.

Telefon
VORWAHLEN

D, A, CH ▶ **Irland** 0 03 53
D, A, CH ▶ **Nordirland** 0044
Irland/Nordirland ▶ **D** 0049
Irland/Nordirland ▶ **A** 0043
Irland/Nordirland ▶ **CH** 0041

Tiere

Will man auf Reisen auf die »Grüne Insel« nicht auf seinen treuen Begleiter verzichten, muss man ihm nicht nur einen anstrengenden Transport zumuten, etwa im Flugzeug, sondern auch einige Vorschriften zur Einhaltung der Tiergesundheit beachten und Sicherheitsvorkehrungen nachweisen.

Bei Reisen muss der Heimtierausweis mitgeführt werden, der von einem Tierarzt ausgestellt ist und aus dem hervorgeht, dass im Einklang mit den Empfehlungen des Impfstoffherstellers eine gültige Tollwutimpfung erfolgt ist. Außerdem müssen Hunde und Katzen gegen Bandwürmer (Echinococcus multilocularis) mit Praziquantel 24 bis 120 Stunden vor der Einreise behandelt werden. Name und Dosierung des Präparates sowie die Form der Verabreichung müssen im Heimtierausweis bescheinigt sein.

Heimtiere müssen zur eindeutigen Identifikation elektronisch gekennzeichnet sein.

Weiteres unter www.msd-tiergesundheit.de

Verkehr
AUTO

In Irland und Nordirland gilt Linksverkehr, das heißt auch bei Mietautos ist fast alles – außer der Zündung – seitenverkehrt. Der Fahrer und alle Passagiere müssen Sicherheitsgurte anlegen. Kinder unter 12 Jahren müssen hinten sitzen.

In Irland gilt ein Tempolimit von 120 km/h auf Autobahnen (Motorways), 100 km/h auf Nationalstraßen (National roads), 80 km/h auf Regional- und Gemeindestraßen (Regional and local roads) und 50 km/h im Ortsgebiet.

In Nordirland gelten 70 mph (miles per hour) auf Autobahnen, 60 mph auf Hauptstraßen und 30 mph im Ortsgebiet.

Vorsicht auf Landstraßen, vor allem im Westen Irlands: Unerwartete Verkehrshindernisse – Schafe, Radfahrer oder auch Pferdekarren – sollte man hinter jeder Kurve erwarten.

Parken in Städten ist normalerweise in ausgeschilderten Kurzparkzonen oder auf Parkplätzen möglich und kostet zwischen 1,50 und 5 € die Stunde. In Dublin und Belfast findet man zentrumsnah Parkhäuser, ein Tag kostet üblicherweise rund 25 €.

FAHRRAD

Irland ist sehr gut mit dem Rad zu erkunden, und das Land hat sich immer mehr auf Fahrradfahrer eingestellt: Viele Straßen haben Radstreifen, und auch die städtischen Parks sind bestens für Radfahrer geeignet. In Dublin stehen an 40 Standorten Dublinbikes nach einer Registrierung zur Verfügung, bis zu einer halben Stunde kostenlos.

Auch der Rest Irlands ist teilweise mit dem Mietbike bestens zu erkunden. Für Radfahrer gilt wie für Autofahrer: Vorsicht auf schmalen Landstraßen. Und natürlich sollte man immer auf nasse Witterung vorbereitet sein, starkem Winden trotzen können und eine möglichst gut sichtbare Bekleidung tragen.

Organisierte Radtouren, vor allem im Westen werden u. a. angeboten von Go Ireland (www.govisitireland.com). Infos über Mountainbiking unter www.irishxcmtb.com und www.irishdh.com.

MIETWAGEN

Mit dem Mietauto hat man die beste Möglichkeit, Irland zu erkunden: Fast alle wichtigen Vermieter haben Filialen an den Flughäfen Dublin, Cork, Shannon und Belfast International. Die Fluglinie, mit der man anreist, hat meistens auch günstige Kombitarife für Automieten (z. B. Aer Lingus mit Hertz).

ÖFFENTLICHE VERKEHRSMITTEL

Die **Bahnverbindungen** innerhalb Irlands sind an der Ostküste gut ausgebaut, Stichstrecken führen in den Westen und Süden. Donegal und auch der Süden Nordirlands sind mit der Bahn nicht zu erreichen.

Auskünfte über Bahnverbindungen in Irland und von Dublin nach Belfast: Iarnród Èireann, www.irishrail.ie., innerhalb Nordirlands bzw. von Belfast (über Newry) nach Dublin: Northern Ireland Railways: www.nirailways.co.uk.

Auskünfte über Busverbindungen in der Republik Irland unter www.bus eireann.ie.

Rund 200 Busstrecken verbinden alle Ecken von Dublin untereinander. An den Haltestellen wird angezeigt, wann der nächste Bus eintrifft. Die Tickettarife kosten etwa 2 € (je nach Strecke, einfache Fahrt) bzw. 6,50 € (für ein Eintagesticket) und 15 € (für ein Dreitagesticket). Das Fünftagesticket kostet 25 €.

Ulsterbus (www.ulsterbus.co.uk) informiert über Busverbindungen in Nordirland, Metro heißt (www.translink.co.uk) der Busservice in Belfast.

Eine relativ günstige Möglichkeit mit Bus und Bahn durch Irland und Nordirland zu fahren bietet das Emerald Ticket: Es gilt für 8 Tage aus 15 aufeinanderfolgenden Tagen und kostet 230 €. Infos über www.buseireann.ie.

TAXI

Taxis sind in Irland teuer und fahren meist auch nur in den großen Städten wie Dublin oder Belfast: Der Mindestfahrpreis beträgt 2,41 €, jede weitere Neuntel Meile oder 40 Sekunden 0,50 €.

Zeitungen und Zeitschriften

Die größten irischen Tagezeitungen sind die nationalen Irish Times und der Irish Independent, sie verfügen auch über Lokalausgaben mit Veranstaltungstipps.

In Nordirland sind der Belfast Telegraph und die Irish News die bedeutendsten Tageszeitungen, ebenfalls mit vielen Veranstaltungstipps. Internationale Zeitungen und Zeitschriften gibt es an Kiosken und in Hotels.

Zeitverschiebung

Gegenüber der MEZ werden in ganz Irland die Uhren generell eine Stunde zurückgedreht. Sommerzeit gilt von Ende März bis Ende Oktober.

Zoll

Reisende aus Deutschland und Österreich dürfen Waren abgabefrei ausführen, wenn diese für den privaten Gebrauch bestimmt sind und bestimmte Richtmengen, die sich auf eine erwachsene Person beziehen, nicht überschreiten. Bitte führen Sie Quittungen mit, mit denen Sie belegen können, dass Abgaben und Steuern für die erworbenen Waren entrichtet worden sind. Auskünfte unter www.zoll.de und www.bmf.gv.at/zoll.

Reisende aus der Schweiz dürfen Waren für den privaten Gebrauch im Wert von 300 SFr abgabefrei ausführen, Alkohol und Tabak jedoch nur in bestimmten Mengen. Auskünfte unter www.zoll.ch

Entfernungen (in km) zwischen wichtigen Orten

	Belfast	Cork	Derry	Donegal	Dublin	Galway	Kilkenny	Killarney	Limerick	Sligo
Belfast	–	420	114	186	170	386	291	475	363	202
Cork	420	–	480	356	250	195	166	87	92	335
Derry	114	480	–	72	230	278	510	489	381	137
Donegal	186	356	72	–	280	161	318	372	264	65
Dublin	170	250	230	280	–	216	121	305	195	215
Galway	386	195	278	161	216	–	230	211	103	140
Kilkenny	291	166	510	318	121	230	–	185	128	335
Killarney	475	87	489	372	305	211	185	–	108	353
Limerick	363	92	381	264	195	103	128	108	–	245
Sligo	202	335	137	65	215	140	335	353	245	–

ORTS- UND SACHREGISTER

Wird ein Begriff mehrfach aufgeführt,
verweist die **fett** gedruckte Zahl auf die Hauptnennung.
Abkürzungen: Hotel [H] · Restaurant [R]

Liebe Leserinnen und Leser,

vielen Dank, dass Sie sich für einen Titel aus unserer Reihe MERIAN *momente* entschieden haben. Wir wünschen Ihnen eine gute Reise. Wenn Sie uns nun von Ihren Lieblingstipps, besonderen Momenten und Entdeckungen berichten möchten, freuen wir uns. Oder haben Sie Wünsche, Anregungen und Korrekturen? Zögern Sie nicht, uns zu schreiben!

Alle Angaben in diesem Reiseführer sind gewissenhaft geprüft. Preise, Öffnungszeiten usw. können sich aber schnell ändern. Für eventuelle Fehler übernimmt der Verlag keine Haftung.

© 2015 TRAVEL HOUSE MEDIA GmbH, München
MERIAN ist eine eingetragene Marke der GANSKE VERLAGSGRUPPE.

TRAVEL HOUSE MEDIA
Postfach 86 03 66
8 16 30 München
merian-momente@travel-house-media.de
www.merian.de

Alle Rechte vorbehalten. Nachdruck, auch auszugsweise, sowie die Verbreitung durch Film, Funk, Fernsehen und Internet, durch fotomechanische Wiedergabe, Tonträger jeglicher Art nur mit schriftlicher Genehmigung des Verlages.

BEI INTERESSE AN MASSGESCHNEIDERTEN MERIAN-PRODUKTEN:
Tel. 0 89/4 50 00 99 12
veronica.reisenegger@travel-house-media.de

BEI INTERESSE AN ANZEIGEN:
KV Kommunalverlag GmbH & Co KG
Tel. 0 89/9 28 09 60
info@kommunal-verlag.de

1. Auflage

VERLAGSLEITUNG
Dr. Malva Kemnitz
REDAKTION
Richard Schmising
LEKTORAT
Heiderose Engelhardt
BILDREDAKTION
Susann Jerofsky
SCHLUSSREDAKTION
Christiane Gsänger
HERSTELLUNG
Bettina Häfele, Katrin Uplegger
SATZ/TECHNISCHE PRODUKTION
h3a GmbH, München
REIHENGESTALTUNG
Independent Medien Design, Horst Moser, München (Innenteil), La Voilà, Marion Blomeyer & Alexandra Rusitschka, München und Leipzig (Coverkonzept)
KARTEN
Gecko-Publishing GmbH für MERIAN-Kartographie
DRUCK UND BINDUNG
Firmengruppe APPL, aprinta Druck, Wemding

Ein Unternehmen der
GANSKE VERLAGSGRUPPE

PEFC/04-32-0928

BILDNACHWEIS
Titelbild (Lough Corrib lake, Connemara): look-foto
Anzenberger: M. Horvath 155 | Avenue Images: agefotostock/G. Munday 22 | Bildagentur Huber: M. Carassale 95, R. Spila 105, S. Torrione 26 | Blarney Castle 6 | Book of Kells 131 | Corbis 73, 74, 83, 161, 190 o | dpa Picture-Alliance: P. Faith 41 | Dublin Theatre Festival 53 | F1online 2, 42, 131 | Fotolia: Fotolia 170 r, S. Thienmayer 166 | Getty Images 15, 29, 49, 132 | Ghan House 70 | Hugh Lane Gallery 65 | Interfoto: M. Siepmann 58–59 | JAHRESZEITEN VERLAG: K. Bossemeyer, Philip Koschel 162–163, 190 u | T. Kallergis 50 | Kinlay House 115 | Laif: Archenova/Arcaid/A. Secci 16, M. Gonzalez 13 r, hemis.fr/C. Boisvieux 14, hemis.fr/P. Frilet 63, hemis.fr/Mattes 25, F. Heuer 88, P. Hirth 99, B. Jonkmanns 20–21, G. Knechtel 100, Hartmut Krinitz 96, Modrow 111, K.-H. Raach 57, 119, 127, 136, Redux/The New York Times 69, G. Standl 12, B. Steinhilber 107, 123, 152–153, 164, C. Zahn 159 | Little Museum 18 | Look-foto 150 | The Marker Hotel 66 | mauritius images: Alamy 77, 87, 128, 141, 169 l imageBROKER /K. Gavin108, imageBROKER/M. Siepmann 78 | National Geographic Stock: C. Hill 4–5 | PicSell8: J. Connolly 37 | The Picture Rooms Studio 19 | Pressebild 45 | Prisma Bildagentur 30, 146 | Shutterssstock 34, 56, 145, 157 | Stockfoto 60 | vario images: Irish Image Collection 92, RHPL 91 | Visum: S. Oehlschlaeger 38 | Wikicommons: 167 l, 167 r, 168, 169 r, 169 l

Noch heute prangt der Slogan »You are now entering free Derry« wie eine Warnung an einem Hausgiebel. Zwischen 1969 und 1972 hat sich das **Bogside-Viertel** im nordirischen **Derry** (▶ S. 148) für unabhängig erklärt und eine Selbstverwaltung aufgestellt. Heute hat sich alles längst entspannt, und die Graffiti, die People's Gallery Murals, wurden zu einer Touristenattraktion. Zwischen 1997 und 2004 entstanden diese Malereien, die an die **Troubles in Derry** erinnern.